Franz Kamphaus

Was die Stunde geschlagen hat

W0088437

Franz Kamphaus

# Was die Stunde geschlagen hat

Worte, die den Mut wecken

Herausgegeben von
Hanno Heil

Herder
Freiburg · Basel · Wien

*Weihbischof Walther Kampe*
*dankbar gewidmet*

Zugunsten des Bischöflichen Hilfswerkes Misereor

Alle Rechte vorbehalten – Printed in Germany
© Verlag Herder Freiburg im Breisgau 1990
Satz: Typobauer, Scharnhausen
Druck und Bindung: Clausen u. Bosse, Leck
ISBN 3-451-22084-9

# Inhalt

# Vorwort

Was hat die Stunde geschlagen? An welchem Ort stehen wir als einzelne, als Kirche und als Gesellschaft? Wie soll es weitergehen? Kann es uns gleichgültig sein, wie die Zeit verläuft? Es ist doch unsere Zeit – Lebenszeit.

Predigten wie die des Limburger Bischofs Franz Kamphaus sind Antwortversuche auf die Frage, was die Stunde geschlagen hat. Gerade von bischöflichen Predigten erwarten die Zeitgenossen, daß sie Stellung beziehen, Orientierung vermitteln. Sie sollen die Situation der Hörer treffen und mit dem Wort Gottes verknüpfen.

Christliche Verkündigung baut darauf, daß das Wort Gottes den Menschen nahe ist. Gott hat den entscheidenden Schritt der Verständigung bereits selber getan. Er ist persönlich in die Zeit eingestiegen, in die Geschichte seines Volkes und der Welt. Zwischen diesem in der biblischen Überlieferung festgehaltenen Geschehen auf der einen Seite und unserem Zeitgeschehen auf der anderen Seite knüpft die Predigt Verbindungsfäden. Sie sollen ein tragfähiges Netz bilden aus Worten, die nicht nur den Weg weisen, sondern auch Mut machen, ihn zu beschreiten.

Es gibt in einem solchen Netz Verbindungen, die zu den Tragseilen christlichen Glaubens gehören. Tragend ist in erster Linie die Botschaft von der Menschwerdung Gottes, von der Auferstehung Christi und von der Sendung des Heiligen Geistes. Darum hat die Verkündigung

zu den Hochfesten Weihnachten, Ostern und Pfingsten
Priorität.

Die Aufforderung, daß das Staunen und die Verwun-
derung über Gottes Anteilnahme am menschlichen
Leben und Leiden nicht allzu schnell übersprungen
werde, zieht sich wie ein roter Faden durch diese Texte.
Gegenüber der Verblüffungsträgheit kirchlicher Routine
und säkularer Machermentalität rufen sie in Erinnerung,
daß das Wesentliche im Leben nicht selber zu produzieren ist, sondern nur aus Gottes Hand dankbar empfangen werden kann.

Dem Geschenk der Freiheit ist in diesem Band ein
eigenes Kapitel gewidmet. Die Vermittlung zwischen der
befreienden Botschaft des Evangeliums und der neuzeitlichen Freiheitsgeschichte gehört zu den zentralen Anlie-
gen des Autors. Aus seiner Sicht ist der christliche
Glaube nicht der Widerpart dieser Freiheitsgeschichte,
sondern ihr kritischer Begleiter. Als solcher hat er ein
Interesse, das Ringen des Menschen um mehr Freiheit zu
sichern gegen ängstliche Eingrenzungen – auch in der
Kirche.

Auf diesen freiheitsbejahenden Ansatz gründet Bischof Kamphaus das Gespräch mit der Jugend. Er weiß,
daß junge Menschen die Kirche oft nur unter den Vorzeichen von Verboten und Einschränkungen wahrnehmen.
Deshalb ist es ihm wichtig, die Botschaft vom befreienden Handeln Gottes vor die Rede von den Grenzen der
Freiheit am Lebensraum des Anderen und der Schöpfung zu stellen. Dieser Gedankenfaden endet auch nicht
bei Warnungen vor gefährlichen Grenzüberschreitungen.
Er ist verflochten mit der Einladung, die durch notwen-
dige Bindungen abgesteckten Freiheitsräume positiv aus-
zugestalten.

Besonders in der ungleichen Verteilung der Güter auf

dieser Welt sieht Bischof Kamphaus eine Herausforderung zur Weltgestaltung im Geist des Evangeliums. Die
Fragen weltweiter Gerechtigkeit und Partnerschaft sind
ein Knotenpunkt im Netz seiner Verkündigung. An ihm
verknüpft er vor allem die Aussagen der Bergpredigt mit
der Lebenswelt seiner Hörer.

Verantwortung für die Welt stellt vor große und zahlreiche Aufgaben. Wer sich für die Übernahme dieser Verantwortung entscheidet, dem kann angst und bange werden. Die Predigten zur Priester- und Diakonenweihe verschweigen dies nicht. Auch Amtsträger sind in der
Gefahr, sich in Resignation oder blinden Aktionismus zu
flüchten. Wer wüßte es besser als ein Bischof, wie zerbrechlich die menschlichen Gefäße sind, die Gottes Botschaft in Wort und Tat unter die Menschen bringen sollen? Und wer wüßte es besser als jeder Hörer und Leser
dieser Predigten, daß menschliche Schwäche und Ver-
zagtheit nicht auf Amtsträger beschränkt sind?

Das rechte Wort zur rechten Zeit stützt und befreit. Es
bindet den Hörer in einen größeren Zusammenhang, der
ihm Sicherheit und Orientierung schenkt. Es hilft, zu erkennen, was die Stunde geschlagen hat, und läßt mutig
das Gebot der Stunde wahrnehmen. Ich wünsche dem
Leser, daß er dieses Wort in den Predigten und Anspra-
chen dieses Bandes für sich entdeckt.

Hanno Heil

# I

# Weihnachten

---

## »Er trägt das All...«
Schrifttext: Hebr 1, 1–6

*Große Worte*

Ein Weihnachtslied mit allen Registern, dieser Hymnus
am Anfang des Hebräerbriefes, die Lesung für den heutigen Tag. Das ist ein Wort:
>»Gott hat zu uns gesprochen durch den Sohn...
>Erbe des Alls... Abglanz seiner Herrlichkeit...
>Er trägt das All durch sein machtvolles Wort« (2f)
Zwei Wörter kehren in diesem Text immer wieder:
»Er« und »All«. Zu Weihnachten geht es ums Ganze, um
das Universum. Es geht nicht nur um die Krippe und um
die heilige Familie. »Er trägt das All...«
Das sind große Worte. Zu groß – oder? Was richten sie
aus? Sie finden ein Echo in unseren Weihnachtsliedern
und in den Darstellungen der Kunst: Christus trägt die
Erdkugel. Hat sich's damit?
Wenn ich durch das Bistum fahre, begegne ich an
Rhein und Lahn und sonst im Land vielen Denkmälern,
alten Ruinen. Abends sind sie zumeist angestrahlt. Man
schaut hinauf und freut sich: Ein herrlicher Anblick!
Aber es lebt keiner mehr in dem alten Gemäuer. Ist das
so mit diesem Urgestein der Bibel: Denkmäler, an festlichen Tagen angestrahlt, ins helle Licht gerückt – aber,

leben wir darin? Vielleicht die Älteren noch; man hat sich halt so eingerichtet. Aber reicht unsere Kraft noch, den Jüngeren darin Leben zu eröffnen?

*Eine Welt ohne Fenster*

Machen wir uns nichts vor, es ist nicht leichter geworden zu glauben. »Gott hat zu uns gesprochen durch seinen Sohn...« (2). – Mag sein, aber wer hört denn noch, was er gesagt hat und uns sagen will? »Er ist der Abglanz seiner Herrlichkeit...« (3). Licht vom Licht. – Sehen wir diese Sonne noch? Liegt's an unseren Augen? Sind wir blind geworden dafür? Liegt's daran, daß wir im Universum noch ganz andere Sonnen entdeckt haben, die alles Bisherige in den Schatten stellen? »Erbe des Alls...« (2). – Ist ihm das Erbe nicht längst streitig gemacht? Uns gehört die Welt, die Sterne dazu. Und auf einmal sehen wir Sterne... und blicken schließlich nicht mehr durch.

Unsere Welt – las ich – hat keine Fenster mehr. Wohin wir schauen, durch das Mikroskop oder durch das Fernrohr, auf den Bildschirm oder in Pläne und Bilanzen – wir begegnen schließlich nur noch uns selbst. Gott kommt nicht mehr vor. Wir sitzen wie in einem riesigen Spiegelsaal, ohne ein Fenster zur Ewigkeit; wir spiegeln uns nur noch selbst. Eine Zeitlang ist das vielleicht ganz interessant, dann wird's schrecklich langweilig. Und in dem Maße, wie wir die Grenzen unserer Weltbeherrschung zu spüren bekommen, sehen wir uns anonymen Mächten ausgeliefert. Man weiß schließlich nicht mehr, wo man dran ist.

Franz Kafka hat diese beklemmende Erfahrung in seinem Roman »Der Prozeß« beschrieben: Der, dem der Prozeß gemacht wird, weiß nicht, wer seinen Fall behandelt. Er trifft immer nur auf kleine, nachgeordnete

Schreiberlinge, die sich hinter Bergen von Akten ver-
schanzen. Er irrt durch lange Gänge, aber keiner kann
ihm Auskunft geben. Niemand ist für ihn zuständig. Niemand nimmt seinen Einspruch an. Das Urteil wird in
seiner Abwesenheit gesprochen. – Da kann einem angst
und bange werden: eine Welt ohne Gesicht, ohne ein
Fenster, das Aussicht schenkt. – Ob das Wort der Lesung, das uns wie vergangenes Gestein anmutet, nicht
doch eine Herberge schenkt, in der man leben kann?

*»Das ewig Licht geht da herein ...«*

Viele sagen heute: Diese in sich geschlossene, von natur-
wissenschaftlich-technischer Rationalität beherrschte
Welt geht zu Ende. Es ist Wendezeit. Eine neue Zeit
bricht an: New-Age, das Zeitalter einer allgemeinen Religiösität, einer kosmischen Ganzheitlichkeit. Religiöse
Traditionen werden neu entdeckt, vor allem die aus
Asien. Nichts gegen Jesus – aber er allein? Ein bißchen
Buddhismus, ein bißchen Hinduismus, ein bißchen isla-
mische Sufi-Mystik, ein bißchen Esoterik, Astrologie
und nicht zu vergessen die Wiedergeburt. Dies und das,
von jedem was! Ist das das Wahre?

»Viele Male und auf vielerlei Weise hat Gott einst zu
den Vätern gesprochen durch die Propheten ...« (1), so
beginnt der Lesungstext (wir brauchen als Christen die
Einsichten anderer Religionen nicht zu schmälern). Aber
dann bringt er die ganze Geschichte auf den Punkt, auf
die Person: »In dieser Endzeit aber hat er zu uns gesprochen durch den Sohn ...« (2). Jesus ist kein Prophet unter
anderen, er ist das letzte, das wahre Wort Gottes. Es gibt
kein »dahinter zurück« oder »darüber hinaus«. Er ist die
Wende der Zeit, die Zeitenwende. Und alles, was als
Wende ausgegeben wird, ist an ihm zu messen.

An bestimmten Punkten unseres Lebens gibt es kein »sowohl als auch« mehr, sondern nur noch das »entweder oder«. Das ist nachdrücklich in Erinnerung zu rufen, in einer Zeit, die mit Kompromissen schnell bei der Hand ist, aber sich mit Entschlüssen schwer tut. Es sind Entscheidungen zu fällen. Christen sind Leute, die sich entschieden haben. Was soll eine vage Religiösität und Gläubigkeit, die niemandem wehtut, aber auch niemanden heilt?

»In dieser Endzeit aber hat er (Gott) zu uns gesprochen durch den Sohn...« (2). Die Mitte der Welt und des Lebens ist nicht blinde Energie, nicht gesichtsloses Schicksal, nicht namenlose Materie, nicht irgendetwas überirdisches, sondern eine gelebte und bis in den Tod durchlittene Menschengeschichte, die Gottes Geschichte mit uns ist. Gott spricht sein Wort – Jesus – nicht über unsere Köpfe hinweg, sondern in unser Leben hinein. Er kennt die zugeschlagenen Türen, die Krippe, das Leben mit Ochs und Esel und dem ganzen dummen Stroh, das wir dreschen. Er hat »die Herren der Welt« zu spüren bekommen. Vor Herodes mußte er nach Ägypten fliehen, ins Exil (als Asylant); und Pilatus hat über ihn den Stab gebrochen. Er ist wirklich dort angefangen, wo wir sind. So hat er den Spiegelsaal unseres in sich verschlossenen Daseins aufgebrochen, so hat er Fenster auf Gott hin geöffnet: »Das ewig Licht geht da herein, gibt der Welt ein neuen Schein...«

*Wir sind getragen*

Das ist das Geheimnis von Weihnachten. Durch Jesus, der in unserer Welt für Gott spricht, beginnt unsere Wirklichkeit für Gott zu sprechen. Der Mensch findet ein Gegenüber, dem er sich anvertrauen kann. Das Leid muß nicht mehr stumm machen, es findet Worte der Klage. Angst kann eingestanden, Hilfe angenommen werden. Die Schuld muß nicht geleugnet werden, sie kann Vergebung finden. (»Er hat die Reinigung von den Sünden bewirkt...« 3). Menschen beginnen für Gott zu sprechen, die Welt beginnt für ihn zu reden.

»Er trägt das All durch sein machtvolles Wort« (3). Er trägt... Die Welt ist getragen, trotz aller Fragen. Wir brauchen uns nicht als Atlas zu gebärden. Wir überheben uns ja doch nur. – Die Abtei Maria-Wald in der Eifel hat einen Kapitalsaal mit einem spätgotischen Netzgewölbe. Der Schlußstein, der alles trägt, ist ein Herz. Jemand hat, wohl ohne zu wissen, was er tat, dieses Herz durchbohrt und einen Haken darangehängt: Das durchbohrte Herz, das alles trägt, mit dem Haken, an dem alles hängt. »Er trägt das All durch sein machtvolles Wort« (3).

»Was halten Sie von Jesus?, fragte mich ein Jugendlicher. Was ich von ihm halte? Daß er mich hält, daß er uns hält und die ganze Welt dazu.

# »Empfangen durch den Heiligen Geist, geboren von der Jungfrau Maria«

Weihnachten im Marianischen Jahr! Jesus Christus ist die Mitte dieses Festes. Von ihm bezeugen wir im Gloria: »Du allein bist der Heilige, du allein der Herr, du allein der Höchste.« Mit ihm ist Maria untrennbar verbunden. Sie ist die Mutter des Herrn. Ohne sie könnten wir nicht Weihnachten feiern: Jesus Christus ist »empfangen durch den Heiligen Geist, geboren von der Jungfrau Maria«. Durch Jesus gehört die Jungfrau Maria in das Glaubensbekenntnis der Christen. Sie hat ihn zur Welt gebracht. Sie weist uns auf ihn hin. Wenn wir auf sie hören und von ihr sprechen, werden wir immer von ihm zu sprechen haben, auch und gerade in dem weihnachtlichen Glaubenssatz, den wir heute bedenken wollen: »Empfangen durch den Heiligen Geist, geboren von der Jungfrau Maria.«

*»Empfangen durch den Heiligen Geist«*

Wenn sich in einer Familie Nachwuchs anmeldet, dann sagen wir: Die Eltern erwarten ein Kind. Eigenartig, unser Sprachgebrauch. Wir sagen nicht: sie machen das Kind (so redet man allenfalls im Straßenjargon), wir sagen: sie erwarten es. Wir spüren wohl: Ein Kind kann man letztlich nicht machen, man kann es »nur« empfangen, als Geschenk, als ein Geschenk des Himmels; so wie man ja auch die Liebe nicht machen kann. Sie schenkt sich uns, wie ein Wunder.

Und wenn wir nun auf Jesus Christus schauen? Menschen, die ihm begegneten, haben erfahren, was in seiner Auferstehung und Geistsendung vollends offenbar wurde: Er ist das Gottesgeschenk schlechthin. In seinem Leben, in seinem Sprechen und Tun zeigt sich, wes Geistes Kind er ist. Er ist von Geburt her und im Ganzen seines Daseins durch und durch vom Heiligen Geist: »Empfangen durch den Heiligen Geist.« In ihm ist Gott selbst da, in Person. Nicht Josef hat das gemacht, auch nicht Maria. Er ist Gottes, nicht der Menschen Sohn.

Maria ist dadurch groß, daß sie für Gottes Geist ganz empfänglich war. »Mir geschehe nach deinem Wort«, sagt sie, und so geschieht es ihr. So hat sie Gottes Sohn zur Welt gebracht. Sie ist die Urgestalt aller glaubend Empfänglichen, das Urbild der Kirche. Daß wir Christen sind, ist nicht unser Werk, es ist empfangen durch den Heiligen Geist. Selig sind die Empfänglichen.

*»Geboren von der Jungfrau Maria«*

Jesus ist wirklich geboren, in unserer Welt, nicht scheinbar, sondern tatsächlich. Er ist keine göttliche Idee, menschlich verkleidet. Er ist in Fleisch und Blut eingegangen, er hat Hand und Fuß. Das meint »Inkarnation«: Fleischwerdung. Jesus ist in unsere Welt gekommen, dorthin, wo wir sind, dorthin, wo Schafställe und Futterkrippen stehen, dorthin, wo Menschen hungern und frieren, einsam sind und ausgestoßen, dorthin, wo Sünder und Sünderinnen leben, Aussätzige und verlorene Söhne, dorthin, wo man Gerechte verhöhnt und kreuzigt. In diese unsere Welt ist er geboren. Er hat den Erweis seiner Göttlichkeit nicht dadurch erbracht, daß er von oben herab alles regelt, sondern so, daß er auch dem Ärmsten noch Bruder wird und seine Last teilt. Unsere Welt ist seine Welt. Aber er geht nicht auf in unserer Welt.

Bei einem Kind sagt man oft: »Ganz der Vater, ganz die Mutter ...« Jesus ist nicht einfach aus seinem Stammbaum abzuleiten. Mit ihm setzt eine neue Geschichte ein, mitten in der alten. Er ist mehr, als Menschen aus sich heraus können. Er ist nicht etwa nur die Gipfelleistung der Menschheit, ein Glücksfall der Evolution. Manche denken, er sei ein Genie. Aber er ist mehr, viel mehr. Es gibt nichts im Schoß der Menschheit, nichts in der menschlichen Potenz, das ihn hervorbringen könnte. Er ist einmalig, von Gott.

Die Jungfrauengeburt ist ein leibhaftiges Zeichen dafür. Mitten in unserer Welt. Jesus ist unvergleichlich, allen unseren Möglichkeiten voraus. Je länger ich ihn mit anderen vergleiche, desto klarer weiß und glaube ich: Er

19

ist einmalig und nicht zu ersetzen. Ohne ihn sähe mein Leben anders aus. Um nichts in der Welt möchte ich auf ihn verzichten. Wie gut, daß es ihn gibt! Ich vergleiche ihn mit den vielen, die selbst Heiland sein wollen und sich zum Retter anderer ernennen – und doch nur hilflose Helfer sind. Wie gut, daß er allein der Heiland und Messias ist, mein Herr und mein Gott. Der Glaube an ihn bewahrt vor Selbstüberschätzung und Selbstüberforderung. Er läßt – wir sehen es an Maria – empfänglich und fruchtbar werden.

## Inkarnation statt Reinkarnation

Viele Menschen sehnen sich nach einem anderen Leben. Sie möchten in einem nächsten Leben das schaffen, was ihnen in diesem Leben versagt oder verbaut geblieben ist. Sie setzen auf die Wiedergeburt: Reinkarnation.

Wer an die Inkarnation Gottes in Jesus Christus glaubt, wird der Reinkarnation mit Entschiedenheit widersprechen. Die Geburt, die wir feiern, liegt nicht in ferner Zukunft, sie ist ein für allemal geschehen in unserer Geschichte: Jesus Christus ist einmalig und unwiederholbar. Durch ihn ist auch für uns ein neuer Anfang möglich, nicht später, sondern hier und jetzt, nicht weltflüchtig, esoterisch, sondern leibhaftig, nicht als unser Werk, sondern empfangen durch den Heiligen Geist. Wenn wir uns wie Maria auf ihn einlassen, dann wird man auch heute merken, wes Geistes Kind wir sind. Dann werden wir mit Jesus guter Hoffnung sein. Lassen Sie uns den guten Hoffnungen mehr trauen als den schlechten Erfahrungen.

# »Das Licht leuchtet in der Finstenis...«

Schrifttext: Joh 1,5

Heilige Nacht. – Seltsam: Die Nacht ist uns Christen
heilig. Das hat seinen Grund. »In der Nacht, in der Jesus
verraten wurde«, hat die Eucharistie ihren Ursprung. Die
Karfreitagsfinsternis kommt über die ganze Erde, in der
Osternacht geht das Licht auf. Die Nacht ist uns Christen
heilig. Heilige Nacht, Weih-*nacht*, Nacht, in die hinein
Jesus geboren ist.

## In der schwärzesten Nacht

Diese Nacht des 25. Dezembers ist eine besondere: eine
der längsten, tiefsten Nächte des Jahres. Wintersonnen-
wende! Jetzt werden die Tage länger und die Nächte kürzer. Was bewegt die Christen, die Gottesgeburt in dieser
Nacht zu feiern? Gott kommt – so bekennen wir – in der
schwärzesten Nacht zur Welt. Er schaut nicht kurz bei
Tageslicht herein, er sucht uns in der dunkelsten Nacht
auf. Wäre er einer von uns, wenn er diesen Tiefpunkt
gescheut hätte? »Das Licht leuchtet in der Finsternis.«
Wer ihn hier sucht, wer sich hier finden läßt, für den
werden die Nächte kürzer. Die Mitte der Nacht ist der
Anfang des Tages.

## Sich der Nacht stellen

Heilige Nacht – was verbinden wir damit? Ein frommes
Spiel der Liturgie? Nachtromantik mit Schummerlicht?
Stimmungsvoll, etwas fürs Gemüt? Brauchen wir den
dunklen Hintergrund nur für unsere schönen Kerzen?
Was heißt hier Nacht? Ist sie Erfahrung oder Kulisse?

Weihnachten feiern heißt, sich der Nacht stellen. Wir Christen reden sie nicht herbei, aber wir weichen ihr nicht aus. Würden wir sie abspalten und verdrängen, dann ist nicht mehr Weih*nacht*en. Wie die Nacht im Wort steckt, so steckt sie in uns, in ihrer ganzen Abgründigkeit.

Fragen wir uns also: Wo erfahre ich Nacht? Schlaflose Nächte, die nicht zu Ende gehen wollen. Wo tappe ich im Dunkeln? Wo sieht's bei mir finster aus? Oder grau in grau, man lebt halt so vor sich ihn, ohne Lichtblicke. Die Schattenseiten des Lebens: Konflikte können Ehe und Familie überschatten und das Leben lähmen; Eltern müssen auf einmal feststellen: Unsere Kinder sind uns fremd geworden, wir verstehen uns nicht mehr.

Was machen wir mit den Nachtseiten unseres Lebens? Stecken wir sie einfach nur weg? Wohin? Oder nehmen wir sie wahr? Der Glaube wird oberflächlich, wenn wir sie ausblenden, gar aus Angst, wir könnten sie Gott nicht zumuten. Gerade in sie hinein ist er geboren, er ist in den Abgründen und Tiefenschichten anwesend. Darin zeigt sich die Stärke unseres Glaubens, daß er sich der Finsternis aussetzt: »Das Licht leuchtet in der Finsternis.«

*Die im Dunkeln sieht man nicht?*

Weihnachten feiern heißt, sich der Nacht stellen. Wir bekommen es auf neue Weise mit dem zu tun, was finster ist; und auch mit denen, die auf der Schattenseite des Lebens wohnen:

> »Denn die einen sind im Dunkeln.
> Und die anderen sind im Licht.
> Und man siehet die im Lichte.
> Die im Dunkeln sieht man nicht.«
>
> (B. Brecht, Ges. Werke II, 497)

Jesus öffnet uns die Augen für »die im Dunkeln«. Die können und dürfen wir nicht übersehen: die durch Erdbeben und Terror, Vertreibung und Flucht im Dunkeln tappen. Ganze Völker, die auf der Schattenseite der Entwicklung stehen und von ihren Schulden erdrückt werden. Darf man heute am Feiertag davon nicht reden? Wie sollen wir denn von Weihnachten reden, wenn wir die Dunkelheiten verschweigen? Der Glaube mutet uns Nachtwanderungen zu. Wir hoffen ja nicht auf uns selber; darum brauchen wir unser Leben und unsere Geschichte nicht zu halbieren und immer nur die Lichtseiten vorzeigen, wie es jene Ideologen tun, die keine andere Hoffnung haben als die auf sich selbst. Das Licht, dem wir vertrauen, »leuchtet in der Finsternis«.

*Im Sack oder durchs Fenster?*

Weihnachten feiern heißt, sich der Nacht stellen. Unsere Gesellschaft versucht mit aller Energie bis hin zur Atomkraft, die Nacht taghell zu machen. Alles soll durchleuchtet und ausgeleuchtet werden. Wir meinen, wir seien rundum erleuchtet und aufgeklärt; dabei sieht es oft finster aus. Und viele fühlen sich mit aller Energie hinters Licht geführt. – Wo die Nacht verdrängt wird, da treibt schließlich auch der Okkultismus seine finsteren Geschäfte.

Sind wir wie jene Schildbürger, die ein Rathaus bauten und die Fenster vergaßen? Zu spät entdecken sie, daß es drinnen finster ist. Was tun? Sie schaufeln Licht in Säcke, um es hineinzutragen – eine erfolglose Mühe. Man muß schon Fenster einbauen, um drinnen Licht zu haben und sich orientieren zu können.

Was ist Weihnachten für uns? Der Versuch, hektisch Licht einzusacken und nach innen zu schütten, um in dem fensterlosen Bau überleben zu können? Licht läßt sich nicht einpacken wie irgendeine Ware im Supermarkt. Wir sind gewohnt, das Licht einzuschalten und auszuschalten, ganz nach Belieben. Es steht zu unserer Verfügung. Aber so können wir die Nacht unseres Daseins und unserer Geschichte nicht erleuchten. Mit aller Energie laufen wir schließlich Gefahr, daß es noch finsterer wird.

Wir brauchen Fenster im Rathaus, Fenster im Haus des eigenen Lebens, in der Seele. Wir müssen die Fensterläden öffnen, damit das Licht in unserer Finsternis leuchten kann.

## Einleuchtend und strahlend

»Das ewig Licht geht da herein,
gibt der Welt ein neuen Schein;
es leucht' wohl mitten in der Nacht
und uns zu Lichtes Kindern macht.«

Mitten in der Nacht – das Ewig Licht! – Wir wissen doch, wie das ist: ›Da geht mir ein Licht auf!‹ Das ist ein großartiges Erlebnis. Das kann man nicht machen, nicht erzwingen. Man kann es empfangen, als Geschenk, als Gnade. Wenn das geschieht, dann strahlen wir.

Sie haben vielleicht Krippenbilder alter Meister vor Augen. Der Stall in der Nacht wird nicht von außen durch Scheinwerfer angestrahlt, sondern von innen her erleuchtet, vom Kind in der Krippe. Mit ihm ist uns ein Licht aufgegangen. Mit Jesus ist uns *das* Licht aufgegangen. Ob wir die Fenster unserer Seele und unserer Welt offenhalten, daß er uns einleuchtet? Das wird man spüren. Er wird durchscheinen, durch unsere Worte, durch unsre Gebärden und unser Verhalten, durch unser Gesicht und unser ganzes Leben. Das leuchtet auch anderen ein. Wie ein Lichtblick!

# »Ein Kind ist uns geboren«
Schrifttext: Jes. 9, 1-6

*Das Zeichen*

Ein Kind ist unterwegs, und es kommt zur Welt. Das verändert alles. Wirklich? Was soll ein Kind schon verändern? Den Lebensrhythmus der Eltern, klar. Aber sonst? Es kann noch nicht mitreden, es fällt kaum ins Gewicht. Es ist klein und wehrlos, angewiesen auf Liebe und Zuneigung. Es ist einfach da, ganz ursprünglich, wirklich entwaffnend; so, daß wir dastehen und sagen: »Mensch, schau dir das an, daß es das gibt. Wunderbar!« Das Leben bekommt ein neues Gesicht.

Ein Kind ist unterwegs, und es kommt zur Welt, das verändert alles. Darum feiern wir Weihnachten:

> »Das soll euch als Zeichen dienen:
> ihr werdet ein Kind finden,
> das, in Windeln gewickelt,
> in einer Krippe liegt« (Lk 2, 12).

Ein Kind wird zum Zeichen. Diese Ursprungserzählung des Christentums steht nicht im Zeichen des starken Mannes, der endlich freie Bahn schafft, sondern im Zeichen eines wehrlosen Kindes. Das verändert alles.

Was denn? Daß wir in diesen Tagen vorübergehend in Kindheitserinnerungen leben und vom »Heiland« sprechen, vom »Messias«, vom »Frieden auf Erden«? Das sind große Worte, aber »die Verhältnisse, die sind nicht so.« Oder? Hat sich was getan von Weihnachten her? Unterm Strich: Was bringt's? Was ändert sich denn?

*Die Herrschaft des Kindes*

Das hat sich schon Jesaja gefragt, der große Prophet. Er macht sich nichts vor; er weiß, wie es aussieht: finster! Die Assyrer sind im Land. Blutige, zerfetzte Soldatenmäntel, das Gedröhn der Stiefel und Waffen bei den Aufmärschen, und daß einer den anderen treibt: die Einpeitscher. Niemand muß uns diese Bilder erklären. Sie sprechen für sich. Das ist die Wirklichkeit. Die soll anders werden: »Über denen, die im Land der Finsternis wohnen, strahlt ein Licht auf.« (9,1)

Das Joch wird zerbrochen, der Stock des Treibers geht in Stücke. Das sieht Jesaja kommen, wie in einer Vision. Die Freude ist groß, man kann sich's denken. Wer würde sich da nicht mitfreuen! Die Wende hat ja ihren ganz realen Grund in der Geburt eines Kindes:

»Denn uns ist ein Kind geboren,
ein Sohn ist uns geschenkt.
Die Herrschaft liegt auf seiner Schulter;
man nennt ihn: Wunderbarer Ratgeber, Starker Gott,
Vater in Ewigkeit, Fürst des Friedens.
Seine Herrschaft ist groß,
und der Friede hat kein Ende« (9,5f).

Ein Kind läßt hoffen. Ein Königskind? Die Herrschaft ruht auf seinen Schultern, auf den Schultern des Kindes. Ein Kind soll an die Regierung kommen? Vielleicht denken Sie: Jetzt reicht's. Da wird Glaube mit Politik vermischt, und Politik ist keine Kinderei.

Wen immer Jesaja damit zunächst im Auge gehabt hat, an Weihnachten mündet diese alte Hoffnung in einen neuen Namen: Jesus von Nazaret! Er ist der Hoffnungsträger der Menschheit. Vielleicht kennen Sie Bilder, die das Jesuskind mit der Weltkugel in den Händen darstellen. Oder Sie haben die »Drei Könige aus dem Morgenland« vor Augen, die am Ziel ihres Weges ihre Kronen abnehmen und sie vor dem Kind in der Krippe niederlegen.

Eine neue Art von Herrschaft kommt in Betlehem zur Welt. Mit diesem Kind fängt grundsätzlich Neues an. Selbst Gott ist nicht mehr der alte... Er regiert nicht – wie man es sich bis dahin vorgestellt hat – mit eisernem Zepter von oben herab, unnahbar. Er ist ganz dicht an der Seite der Menschen, er lebt mitten unter uns. Das ist riskant, lebensgefährlich. Er zerbricht den Stock des Treibers, indem er sich vor Pilatus den Rohrstock in die gefesselten Hände stecken läßt. Den Soldatenmantel vernichtet er, indem er ihn sich zum Spott umhängen läßt und mit seinem eigenen Blut tränkt. Das Joch zerbricht er, indem er das Kreuz auf seine Schultern nimmt.

Man kann nicht vom Kind in Betlehem sprechen, ohne zu bedenken, welchen Weg Jesus gegangen ist. Er ist sich treu geblieben, entwaffnend in seiner Wehrlosigkeit. So gesehen ist er im Grunde seines Herzens Kind geblieben.

*Den Sonnenaufgang nicht verschlafen*

Die Weltherrschaft auf den Schultern eines Kindes... Angeregt zu dieser Predigt wurde ich vor 14 Tagen in der DDR. Ein Freund erzählte mir diese Geschichte: Ein junger Mann kommt zu einem Rabbi mit der Frage: »Was kann ich tun, um die Welt zu retten?« Der Weise antwortet: »So viel, wie du dazu beitragen kannst, daß morgens die Sonne aufgeht.« – »Aber was nützen dann all meine Gebete und meine guten Taten, mein ganzes Engagement?«, fragt der junge Mann. Darauf der Weise: »Sie helfen dir, wach zu sein, wenn die Sonne aufgeht.«

Wie soll man die Ereignisse im Osten verstehen, deuten? Wer hätte das gedacht? Unglaublich, wie ein Wunder! Man sieht's, wie das drückende Joch zerbrochen wird und der Stock des Treibers. Der blutige Militärmantel wird ein Fraß des Feuers (vgl. Jes 9,3 f).

Und das ohne Gewalt. Man muß das miterleben, eine Revolution ohne Panzer und Maschinengewehre. Menschen, die auf die Straßen gehen und Kerzen in den Händen tragen, einfach entwaffnend. Das macht Geschichte. Da fällt die Mauer.

Jeder weiß, es gibt anderes. Es gibt nicht nur Leipzig und Dresden, nicht nur Moskau und Warschau, nicht nur Prag und Budapest, es gibt Bukarest und Peking. Eltern halten den anstürmenden Soldaten ihre Kinder entgegen, und sie werden niedergeschossen in diesen Tagen, zu Weihnachten. Das ist unsere Welt.

Und doch, es gibt eben auch Leipzig und Dresden. Die sollen hier nicht fromm vereinnahmt werden, schon gar nicht nach dem jetzt üblichen: ›Wir haben es ja immer gewußt.‹ Was haben wir denn gewußt, noch vor einigen Monaten? Und wer weiß, wie die Entwicklung weitergeht! Aber wach sein sollten wir und den Sonnenaufgang nicht verschlafen, das Zeichen sehen, einfach entwaffnend, wie ein Kind. Die Gewaltlosigkeit ist möglich, sie ist keine Spinnerei, sie kann Geschichte machen. Die Gewaltlosen können stärker sein als die Gewalttätigen. Fast hätten wir es nicht mehr zu hoffen gewagt. Wer's jetzt neu erlebt, wird es so leicht nicht mehr vergessen. Es kann ihm zur inneren Gewißheit werden, im Namen des Kindes, auf dessen Schultern die Weltherrschaft ruht.

## Gott braucht keine Treiber

Ein Kind ist unterwegs. Das verändert alles. Auch uns? Wie reagieren wir auf die Veränderungen in der Welt?

Sind wir nur an neuen, prickelnden Nachrichten interessiert? Oder sind wir selbst mit dabei, tragen wir die hoffnungsvollen Aufbrüche mit all unseren Möglichkeiten mit? Sind wir wach für die aufgehende Sonne? Werden wir unsere Türen öffnen, Wohnraum teilen, Besitz teilen, Zeit teilen? Nicht nur in der ersten Begeisterung mit einem Begrüßungsgeld, sondern morgen und übermorgen, wenn es wieder alltäglich zugeht!

Die Veränderungen in der Welt werden nur dann Bestand haben, wenn sie uns selbst erfassen, wenn wir uns selbst erfassen lassen. Der Stock des Treibers, der zerbrochen werden soll, sitzt auch in uns: Immer mehr, immer besser, immer schneller, koste es, was es wolle. Ideologien brauchen den Treiber, Programme brauchen den Treiber, Systeme brauchen den Treiber, den Einpeitscher. Nur Gott braucht den Treiber nicht. Er ist nicht ein Programm geworden, nicht eine Idee, nicht ein System irgendwo in der Ferne, nein, er ist Mensch geworden ganz dicht bei uns. Verletzlich wie ein Kind, ein Kind, das uns anrührt, uns ans Herz geht und unsere besten Kräfte lockt: »Mensch, du hast ungeahnte Möglichkeiten, ganz zu schweigen von den Möglichkeiten Gottes mit dir.« Wo das Kind der Krippe an die Regierung kommt, da zerbricht der Stecken des Treibers.

Kinder erwarten den Heiland. Und er kommt tatsächlich und steht vor ihnen mit offenen Händen. Ein Kind ruft: »Guckt mal, die Hände sind ja leer.« »Ist doch klar«, meint ein anderes, »unser Vater sagt immer, der Glaube bringt nichts...« Darauf das dritte Kind: »Er bringt sich selbst.« – Er bringt sich selbst, zur Welt, wenn wir ihn nur einlassen.

# Das Leben gehört an die große Glocke

Was wäre Weihnachten ohne die Glocken. »Süßer die Glocken nie klingen ...« Seit Ende November haben wir dieses Lied hundertfach auf den Weihnachtsmärkten und in den Kaufhäusern gehört. Wer am Heiligen Abend auf dem Frankfurter Römerberg steht, dem dringt das kraftvolle Stadtgeläut durch Mark und Bein. Das süßliche Gebimmel des Weihnachtsmarktes ist verstummt, jetzt haben die Glocken das Wort.

Sie läuten das Fest der Geburt Christi ein. Gott kommt zur Welt. Das Kind in der Krippe ist der Inbegriff des Lebens. Zu Weihnachten geht es ums Leben, um das Leben in seiner ganzen Ursprünglichkeit, um den Ursprung des Lebens in Gott. Deshalb gehört das Leben an diesem Tag an die ganz große Glocke: Freude über alles, was lebt, Leben schenkt und schützt; Protest gegen alles, was dem Leben an den Kragen will und es kaputtmacht.

*Fehlstart?*

Um das Leben stand es schlecht damals in Betlehem. Verzweifelt sucht da ein Mann für seine hochschwangere Frau ein Zimmer, in dem sie ihr Kind zur Welt bringen kann. Daß ein Kind zur Welt kommt, war für diesen Tag in Betlehem nicht vorgesehen. Das paßte den Leuten nicht in ihren Kram. Für Maria und Josef und für Jesus blieb ein schäbiger Stall. Von Romantik keine Spur. Es fehlte an allem. Nach unseren Maßstäben hat Gott einen Fehlstart ins Leben. Jesu Geburt läßt die »Schwäche« Gottes erkennen. Er hat eine Schwäche für uns Menschen. Er verläßt sich in Betlehem nicht auf gesicherte Strukturen, sondern einzig und allein auf zwei Menschen, die bereit sind, ihn in ihr Leben hineinzulassen, ihn als Kind anzunehmen.

## Kleine Schritte

Ein Kind – was ist das schon? Der lästige, leider nicht zu umgehende Anfang menschlichen Lebens? Wir möchten gern fertige Menschen, wie aus dem Ei gepellt, ein Leben ohne Zwischenfälle und Enttäuschungen. Wir möchten große Sprünge machen statt (wie die Kinder) kleine Schritte; dafür haben wir keine Zeit. Wo wir das Kind verdrängen, vergessen wir, daß das Leben klein beginnt, angewiesen auf Liebe und Zuneigung. Auch wenn wir innerlich wachsen, fängt es klein an, wir merken es kaum. Deshalb erstickt so viel Neues in uns, weil wir ihm keinen Raum geben. Wir lassen das innere Wachsen in kleinen Schritten nicht zu und setzen um so mehr auf äußeres Wachstum: immer mehr, immer größer, immer besser.

## Ein Geschenk des Himmels

Erstaunlich genug: Am Anfang unseres Daseins steht das Empfangen, nicht die eigene Tat. Das Leben ist uns vorgegeben, es wird uns geschenkt. Wir sind nicht Schöpfer unserer selbst, so gern wir es vielleicht auch sein möchten. Wir haben uns nicht selbst gemacht, wir sind Empfangene. Unser Leben ist mehr Gabe als Werk, mehr Geschenk als Tat. Es verdankt sich nicht unserer Leistung, sondern Gott. Sein Ebenbild sind wir.

## Menschenwürde

Kann man größer vom Menschen denken? Christen lassen sich von niemandem darin übertreffen, groß vom

Menschen zu denken, unter Berufung auf Weihnachten, auf die Menschwerdung Gottes. Weil das so ist, darum treten wir für das Leben ein. Der Mensch, ob geboren oder ungeboren, ist unserer Verfügung entzogen. Es gibt nur einen Herrn über Leben und Tod. Wir sind's nicht. Das Leben steht nicht zu unserer Disposition, weder am Anfang, noch am Ende, noch überhaupt. Wir sind keine Herrgötter. Aber Töchter und Söhne Gottes sind wir, so wahr Jesus unser Bruder geworden ist. Darin ist unsere Menschenwürde begründet, darum dürfen wir sie nicht antasten. Wir haben allen Grund, diese Botschaft an die große Glocke zu hängen. Christen sind keine Notare des Zeitgeistes oder der öffentlichen Meinung. Sie wissen, was die Stunde geschlagen hat: Alles steht auf dem Spiel, wenn es ums Leben geht, erst recht, wenn es ans Leben geht.

# II

# Ostern

---

## Leben – nicht auf Probe!

Ostern ist Bekenntnis zum Leben, nicht nur allgemein zum Leben, sondern zu einem bestimmten Leben: »Ich glaube an die Auferstehung der Toten und das ewige Leben.« Ewiges Leben – wie soll man sich das vorstellen?

Vor einiger Zeit kam ein Mann zu mir, sehr einflußreich in den Medien, ernsthaft religiös. Es ging ihm um die Lebensfrage, um die Frage nach dem Ewigen Leben: ›Wie soll man das verstehen? Sind wir nur einmal auf der Erde? Warum nicht mehrmals? Kann es nicht so sein, daß wir von neuem in anderen Lebewesen, in anderen Menschen zur Welt kommen, daß wir wieder geboren werden im ewigen Kreislauf des Lebens?‹ Reinkarnation: Wiedergeburt. Ist das nicht auch eine Art ewiges Leben?

Sie haben sicher davon gehört. Sendungen in den Medien zu diesem Thema erreichen die höchsten Einschaltquoten. Die Auflagen einschlägiger Schriften gehen sprunghaft in die Höhe. Mancher mag denken: Das ist doch kurios, abwegig, abergläubig. Oder meinen Sie: Na ja, wer weiß, vielleicht ist doch etwas daran. Und ist das so etwas anderes als unser Glaube an das ewige Leben? Kann man das nicht miteinander verbinden, Auferstehung und Reinkarnation? Paßt das nicht zusammen? Warum eigentlich nicht? Das hat seine Gründe.

*Auferstehung des Fleisches*

Eigenartig, die Vorstellung vom Menschen in der Rein-karnationslehre. Da geht man von einem Leben ins an-dere wie in ein anderes Zimmer. Die Tapeten werden gewechselt. Was ist mit dem Zimmer, das ich verlasse? Steht es leer? Was ist mit dem Leib? Ist er nur Übungsge-lände? Wird er zurückgelassen wie eine ausgebrannte Ra-kete? Ist er gleichgültig, zählt er nicht mit? Geht es schließlich nur darum, ihn loszuwerden, um von ihm »be-freit« und »erlöst« als reiner Geist zu existieren?

Die Skepsis gegenüber allem Leiblichen, gegenüber allem Materiellen sitzt der Reinkarnationslehre seit alters her tief in den Knochen (sofern sie Knochen zuläßt und sie nicht längst vergeistigt hat).Das Christentum ist nicht selten anfällig gewesen für solche Vorstellungen, sie sind ihm aber von seinem Ursprung her völlig fremd. Der Mensch *hat* nicht nur einen Leib, er *ist* Leib. Das ist ein großer Unterschied, ob ich nur einen Leib habe, den ich gegen einen anderen auswechseln kann, oder ob ich Leib bin. Der Mensch ist Leib. Das Heil ist nicht darin zu suchen, das die Seele sich absetzt und aus dem Staube macht. Der Staub der Erde, der Leib ist in die Vollen-dung einbezogen: »Ich glaube an die Auferstehung des Fleisches« – deutlicher kann man es nicht sagen! Darum spielt der Leib in der Begegnung Jesu mit den Osterzeu-gen eine große Rolle. Jesus zeigt auf seine Wunden hin: Thomas, schau her, leg deine Hand in die Wunden... Jesus hat seine leibhaftige Lebensgeschichte nicht abge-streift, sie ist da, auch das Kreuz mit den Wunden. Seine ganze Geschichte gehört zu ihm, zu seiner Identität, sie ist in die Auferstehung einbezogen.

Es gilt heute in gewissen Kreisen als sehr modern und religiös zugleich, in fernöstliche transzendentale Meditation zu versinken und die Welt erklärtermaßen zum Teufel gehen zu lassen. Statt dessen erwartet man eine Reinkarnation im neuen Zeitalter des Wassermanns. Mit dem Osterglauben hat das nichts zu tun. Man kann nicht die Auferstehung des Fleisches bekennen und sich zugleich in irgendeine religiöse Kuschelecke absetzen und der Welt ade sagen. Hier scheiden sich die Geister. Sie scheiden sich noch schärfer, wenn es um die Einmaligkeit jedes einzelnen Menschen geht.

*Immer im Kreis?*

In der Reinkarnationslehre denkt man es sich so: Wie die Natur vergeht, vergeht auch der Mensch. Und wie die Natur zu neuem Leben erwacht, so auch der Mensch. Er ist eingebunden in den ewigen Kreislauf des Stirb und Werde. Das Leben ist wie ein Spiel, das jederzeit neu beginnen kann; man probiert's halt noch mal. Wenn der erste Versuch nicht gelingt, warum dann nicht ein zweites, drittes, x-tes Leben?

Das kommt vielen Strömungen in unserer Gesellschaft heute sehr entgegen: Alles ist ersetzbar, alles kann ausgewechselt werden, schließlich sogar die Beziehungen, etwa in der Ehe. Dann schwindet der Sinn dafür, sich in Freiheit auf Zukunft hin zu binden und einmal getroffenen Entscheidungen treu zu bleiben. Schließlich wird dann auch das Leben ausgewechselt.

Ist das ein Leben? Wer bin ich, wenn ich schon x-mal irgend ein anderer gewesen sein kann, wenn mein Leben die Neuauflage eines anderen ist? Jeder Mensch ist einmalig. Es gibt ihn nicht wieder. Die Zeit, die uns zu leben geschenkt ist, kommt nicht wieder. Sie ist durch den Tod befristet, der Ernstfall. Man kann nicht auf Probe leben, und man kann erst recht nicht auf Probe sterben.

Ostern heißt nicht, daß es endlos so weitergeht mit unserem Leben, heißt gerade nicht: weiterleben, weitermachen, weiter, weiter, immer so weiter... Ostern heißt: neuer Mensch und neue Welt. Der Kreislauf des ewigen Stirb und Werde ist durchbrochen, durch Jesu Leben und Sterben. Er hat der Geschichte eine Richtung gegeben. Sie dreht sich nicht im Kreis, sie hat einen Anfang und ein Ziel. Sie ist unwiederholbar, einmalig. Jesus hat sie auf den Punkt gebracht, auf Gott. Ostern heißt endgültig bei Gott sein und in ihm leben.

*Das göttliche Wort*

Zur Hoffnung, die über den Tod hinausgeht, sagt Platon: »Man muß sich hier unter den Ansichten der Menschen die beste aneignen, diejenige, die am schwersten zu widerlegen ist. Mit ihr kann man dann, wie auf einem Floß, die Fahrt durchs Leben wagen; falls man nicht sicherer und gefahrloser auf einem festeren Fahrzeug fahren kann, etwa mit einem göttlichen Wort« (Phaidon 85).

Christen fahren mit einem göttlichen Wort. Es ist nicht unser Wort, mit dem wir uns Runde um Runde immer weiter nach oben winden, aus eigener Kraft. Auferstehung ist Gottes Wort und Gottes Tat, in Jesus Christus. Er ist Gottes erstes Wort, das uns ins Dasein ruft, aus dem Nichts. Und er ist Gottes letztes Wort, das Wort, das den Tod bricht und neues Leben schafft, dem der Tod nichts mehr anhaben kann. Christus, Gottes erstes und letztes Wort – Alpha und Omega, wie die Osterkerze anzeigt.

Mit diesem Wort können wir jedermann Rede und Antwort stehen und die Fahrt unseres Lebens wagen. Es drängt darauf, daß es in unserem Leben nicht nur hörbar, sondern auch sichtbar wird, Hand und Fuß gewinnt. Es kann sich sehen lassen.

Was erwartet uns? Uns erwartet nicht das Nichts! Uns erwartet alles, weil Gott unser ein und alles ist. Er erwartet uns. Ihm trauen wir alles zu, auch den Sieg über den Tod. Ihm gehört das erste und letzte Wort.

## »Frau, warum weinst du?«
### Schrifttext: Joh 20, 11–18

*Grundwasser der Seele*

Maria Magdalena steht vor dem Grab und weint. ›Frauen weinen, ein Mann weint nicht...‹ Das sagen wir so, sie kennen das.

Maria Magdalena weint – die Jünger weinen nicht. Sie sind gar nicht da: »Da verließen ihn alle Jünger und flohen« (Mt 26, 56). Sie sind vor der Kreuzigung geflohen und haben sich aus Angst eingeschlossen. Wie immer man die Erzählung der Evangelien wendet: Schließlich und endlich sind die Männer in der entscheidenen Stunde verschwunden, und die Frauen sind da.

Maria Magdalena weint. Das läßt sich nicht verheimlichen – viermal steht's da. Tränen sind das Grundwasser der Seele. Sie kommen aus der Tiefe, übrigens auch bei großer Freude, die Freudentränen. Ob die, die das Weinen verlernt haben, sich noch richtig freuen können? Vielleicht sind sie vertrocknet.

»Frau, warum weinst du?«, fragen die Engel. Die Tränen haben ihren Grund, Maria hat Jesus verloren, und nun ist auch noch der Leichnam verschwunden. Jesus war ihr ein und alles, ihr Leben. Damit ist's aus. Soll man da nicht weinen? Viele von Ihnen können nachempfinden, was das heißt, wenn man seine Hoffnungen begraben hat. Das geht an die Substanz. Das ist zum Heulen, weiß Gott.

Es geht ja hier im Evangelium nicht um irgendwen oder irgendwas, sondern um Jesus. Er ist der Grund der Tränen. Haben Sie schon einmal geweint, weil sie Jesus verloren haben? Würde Sie das so tief treffen? Wie tief geht der Glaube, bis zum Grundwasser Ihrer Existenz?

Jesus verlieren – mancher hier wird denken: Ich kann mir das für mich nicht vorstellen. Und dann muß er es auf einmal bei seinen Kindern erleben. Das kann einem das Herz zerreißen. Das ist zum Weinen.

## Nicht bei den Toten

Maria Magdalena sucht Jesus. Sie sucht den Leichnam im Grab: »Man hat meinen Herrn weggenommen, und ich weiß nicht, wohin man ihn gelegt hat.« Sie sucht Jesus in der Vergangenheit, bei den Toten. Aber dort ist er nicht zu finden.

Sie hätte aufmerken können: das leere Grab, die Engel... Wir haben gut reden – hinterher. Wenn jemand ganz am Ende ist, todtraurig mit Tränen in den Augen, dann blickt er schließlich nicht mehr durch.

Maria ist so nach rückwärts gewandt, daß sie nicht sieht, wie Jesus lebendig vor ihr steht. Bei allem Einsatz und allem guten Willen erkennt sie ihn nicht. Niemand findet Jesus, wenn er sich nicht von ihm finden läßt.

## Beim Namen gerufen

»Maria«, sagt Jesus, dieses eine Wort, das von Herzen kommt und zu Herzen geht. Das ist alles. Keine Belehrung, keine feierliche Erklärung in Sachen Auferstehung, schon gar nicht ein Appell, sondern ganz einfach: »Maria«, du, dich rufe ich beim Namen, du bist mein. Da gehen ihr die Augen auf. Sie ist gefunden von dem, den sie sucht. So wird Ostern.

»Meister«, sagt sie. Das hebräische Original ist sogar ins griechische Evangelium aufgenommen: »Rabbúni«, kaum zu übersetzen an dieser Stelle. – So entsteht der Osterglaube, in der Begegnung mit dem Auferstandenen, in Wort und Antwort der Liebe, namentlich.

Bertolt Brecht meint in seinem ›großen Dankchoral‹ sarkastisch:

»Lobet von Herzen das schlechte Gedächtnis des Him-
Und daß er nicht                                    [mels!
Weiß euren Nam' noch Gesicht.
Niemand weiß, daß ihr noch da seid.«

Nein! Er kennt unseren Namen. »Maria«, sagte er. Er weiß, daß wir noch da sind, weinend oft genug, im Tal der Tränen. Er kennt unser Gesicht. Er ruft uns beim Namen von jenseits der Todesgrenze. Er wird alle Tränen von unseren Augen abwischen (vgl. Offb 21, 4). Das läßt hoffen – in einer Hoffnung, die sich durch nichts beirren läßt, auch nicht durch den Tod.

*Nicht zu fassen*

Zweimal wird gesagt, daß Maria sich umdreht: die große Wende, vom Tod zum Leben. Sie sucht – rückwärts gewandt – den Leichnam, und sie findet – vor sich stehend – den Auferstandenen. Da dreht sich alles um. Da gerät der Mensch außer sich:
– heraus aus der blinden Suche nach dem Verlorenen
– heraus aus der Fixierung auf das Grab
– heraus aus der lähmenden Herrschaft des Todes.

39

Das ist nicht zu fassen ... Ostern, der Auferstandene –
nicht zu fassen: »Halte mich nicht fest.« Jesus ist nicht zu
fassen. Ganz der alte? Eben nicht! Es geht nicht einfach
so weiter wie vorher. Neues hat sich ereignet. Kaum zu
glauben, nicht zu begreifen. Man kann sich »nur« ergreifen lassen – wie in der Liebe. Da gerät man außer Fas-
sung.

Wir möchten Jesus haben, wie Maria. Wir möchten
etwas in den Händen haben, zum Vorzeigen für andere
und zur eigenen Vergewisserung. Man kann ihn nicht für
sich festhalten, er ist nicht zu »haben«, so daß man seiner
habhaft werden könnte, zur Demonstration.

Es ist wie bei Menschen, die sich lieben. Da sagt der
eine zum anderen: Ich möchte ganz dein sein. – Das wird
von Grund auf verkehrt, wenn dieser den anderen einfach haben will; wenn er das freie Versprechen, ihm zu
gehören, in ein Verfügungsrecht verkehrt. Liebe ist nicht
»zu haben«. Der Glaube ist nicht zu haben.

### Verkünderin des Unsagbaren

Nicht zu fassen ... Wie soll man das anderen vermitteln?
Maria wird auf den Weg geschickt: »Geh aber zu meinen
Brüdern und sag's ihnen ...« Und sie tut's. Sie macht sich
auf den Weg und verkündigt den Männern: »Ich habe
den Herrn gesehen.« Die erste Osterzeugin! Apostola
apostolorum, sagen die Kirchenväter. Sie gehört nicht zu
den zwölf Aposteln und ist doch die erste, die die Osterbotschaft verkündigt.

Letztlich ist Ostern unsagbar. Man kann versuchen,
ringsum in den Spuren zu lesen. So wird es uns auch
selber gehen, wenn wir Ostern in unserer eigenen Lebensgeschichte auf die Spur kommen möchten.

Unsere Wege werden unsere Wege bleiben, unsere

Schwächen unsere Schwächen. Unsere Tage werden nicht zu Träumen werden, sondern zu bestehen sein, alltäglich. Und niemand von uns muß sagen oder demonstrieren, was kein Mensch in dieser Welt, auch nicht die Apostel, auch nicht Maria Magdalena, in der Hand vorzeigen können. Aber vielleicht können wir eine Ahnung geben von dem, was nicht zu fassen ist. Mitten in allen alltäglichen Dingen und über alles hinaus die Gewißheit: Du bist bei deinem Namen gerufen, von jenseits der Todesgrenze, und du kannst antworten. Das dürfen wir weitersagen, im Namen Jesu Christi. Das kann bittere Tränen wandeln, in Freudentränen. Hoffnung über alle Hoffnung, für jeden von uns, und für die ganze Welt.

## »Was sucht ihr den Lebenden bei den Toten«
### Schrifttext: Lk 24, 1–12

»Das ist der Tag, den Gott gemacht...« – Es gibt Tage, die haben wir gemacht: den ersten Mai, den Muttertag oder den Vatertag. Und, Sie kennen das ja, so dann und wann machen wir uns einen guten Tag... »Das ist der Tag, den Gott gemacht...« Wer sich darauf festgelegt hat, daß nichts anderes geschehen kann, als der Mensch aus sich vermag, der geht Ostern leer aus. Wirklich Ostern feiern kann nur der, der mit Gott und seiner Tat rechnet.

### *Selbstverständlich?*

So leicht ist das ja gar nicht, Ostern zu feiern. Der Unterschied zur Situation, die uns das Evangelium schildert, ist offenkundig: Wir sind hier heute morgen nicht zu einem

Grab gekommen, sondern zum Gottesdienst. »Das Grab ist leer...« – das ist für uns keine Überraschung, wir haben das einschlägige Lied im Ohr und singen es aus voller Kehle. Und wir wissen längst, was die Engel verkündigen: »Er ist auferstanden.« Das kennen wir, wie das Halleluja, das heute fällig ist. Das alles ist einfach dran, wie selbstverständlich.

Als wäre Ostern selbstverständlich. Alles andere als das. Es versteht sich gerade nicht von selbst, auch nicht von uns her, sondern allein von Gott her.

Von selbst und von uns her versteht sich der Tod. Damit müssen wir rechnen. Er liegt in unserer Erfahrung, wir können ihn uns zufügen. Aber die Auferstehung spottet jeder Erfahrung. Es geht nicht um Reanimierung und nicht um Reinkarnation! Jesus ist in den Todesgraben hinuntergestiegen, aber er ist nicht zur alten Seite zurückgekehrt; er ist zur anderen Seite hochgestiegen, wo es keinen Tod mehr gibt. Der Tod ist nicht aufgeschoben, sondern aufgehoben, er ist nicht überspielt, sondern überwunden. Das ist nicht zu fassen, das geht über unseren Horizont. Und darum kommen die Fragen, die Einsprüche: ›Wie soll ich mir das vorstellen? Ich sehe nichts davon, daß die Macht des Todes gebrochen ist. Die Gräber, vor denen ich stehe, sind nicht leer. Das grausame Spiel von Gewalt und Leid und Tod geht weiter – auch nach Ostern.‹ Das sind die handfesten Realitäten, die sind nicht aus der Welt zu schaffen. Oder doch? Sicher nicht von uns aus.

## Suche am falschen Platz?

Die Frauen hier im Evangelium scheuen ja keine Mühe, sie tun das Menschenmögliche. In aller Frühe machen sie sich auf, mit ihren wohlriechenden Salben. Sie tun, was

sie können. Aber was können sie tun? Mit Balsam den
Geruch der Verwesung bannen und die äußere Gestalt
des Toten konservieren, als sei er noch da. Nichts gegen
solchen pietätvollen Dienst. Aber er bleibt, was er ist:
Mumiendienst.

Die Frauen werden deswegen nicht gescholten. Aber
sie werden vom Engel über ihr eigenes Suchen hinausge-
wiesen: »Was sucht ihr den Lebenden bei den Toten?«
Mit anderen Worten: Ihr sucht Jesus am falschen Platz.
Ihr dürft und sollt mehr suchen als einen Toten.

Wen denn? Wo hat man nicht Jesus im Laufe der Geschichte überall gesucht? Was hat man nicht alles aus ihm
machen wollen: einen edlen Humanisten, einen Vor-
kämpfer des sozialen Fortschritts oder gar einen politischen Revolutionär. Hilfloses Bemühen, etwas aus ihm
zu machen, ihn mit allen möglichen Mitteln am Leben zu
halten. Erfolglose Reanimationsversuche! Ein Suchen
am falschen Platz. Osterglaube ist das nicht, sondern To-
tenverehrung. Wir Menschen können Jesus nicht lebendig machen oder lebendig halten. Hätte Gott ihn nicht
dem Tode entrissen, er wäre arm dran – und wir wären es
auch. Dann würden wir uns umsonst an ihn halten, er
böte keinen Halt.

Jesus lebt nicht von seiner Jünger Gnaden und nicht
von unserer und der Kirche Gnaden, er lebt aus der Kraft
Gottes, »der die Toten lebendig macht und das, was nicht
ist, ins Dasein ruft« (Röm 4, 17). Das ist der Grund
unserer Hoffnung. Gottes Tat steht vor allem Auf und
Ab unseres Glaubens, trotz unserer Fragen und Einsprüche.

Und die Realitäten des Todes, die uns bedrängen? Sie
kennen die Situation: Sie sind nachts mit dem Auto
unterwegs, in fremder Gegend, und auf einmal wissen Sie
nicht mehr, wo Sie sind. Da taucht plötzlich ein Zeichen

im Scheinwerferlicht auf. Sie sehen es, und schon sind Sie
weiter. Aber der Augenblick, indem Sie es entziffern
konnten, genügt. Sie wissen, wo Sie sind und woran Sie
sind. Sie wissen, wohin die dunkle Straße führt. Ostern
ist ein solches Zeichen und mehr. Wir wissen, wer uns am
Ende unserer dunklen Straßen erwartet.

*Mumiendienst?*

Ostern geht es zuerst und zuletzt nicht um das, was wir
(Menschen) aus Jesus machen, sondern um das, was Gott
gemacht hat. »Das ist der Tag, den Gott gemacht...«
Darum ist es auch nicht damit getan, daß wir Fragen an
ihn haben. Er hat Fragen an uns. Die stehen da, mitten
im Evangelium: »Was sucht ihr den Lebenden bei den
Toten? Das ist seine Frage an uns. Wo suchen wir Jesus?
Suchen wir ihn vielleicht am falschen Platz, im Grab?

Wo sind wir mit unserem Glauben? Ist er nur noch
Balsam, mit dem wir aus Gründen der Pietät guten Geruch verbreiten möchten? Dient er gerade noch dazu, von
Weihnachten über Ostern und Pfingsten, von Taufe über
Erstkommunion und Hochzeit bis hin zur Beerdigung
das Leben etwas feierlicher zu gestalten? Versuchen wir,
eine tote Gestalt zu konservieren, als ob noch Leben da
wäre, als ob nicht bereits die Würmer an den Restbestän-
den nagten? Wahren wir Jesus nur noch ein frommes
Andenken? »Was sucht ihr den Lebenden bei den
Toten?«

So ist nicht nur jeder einzelne von uns gefragt, so sind
wir als Kirche gefragt. Sucht sie Jesus am richtigen Platz,
bei den Lebenden? Wieviel in der Kirche ist Mumiendienst, pietätsvolle Pflege einer vergangenen Gestalt alter
Formen, die längst gestorben sind? Wo sind wir auf dem
Weg zum Grabe, statt daß wir Zeugnis vom Lebendigen

geben. »Was sucht ihr den Lebenden bei den Toten?« Diese Frage Gottes an uns darf in der Kirche nicht zum Schweigen kommen.

Heute wird viel von der Apparatemedizin gesprochen, kritisch zumeist: Die Apparate dienen nicht mehr dem Leben, sie überfremden es und ziehen es schließlich künstlich in die Länge; jemand ist klinisch tot, aber die Apparate laufen noch. Gibt es nicht auch eine Apparatepastoral? Was wird nicht alles an Mitteln eingesetzt, um das kirchliche Leben, wie wir es gewohnt sind, in Gang zu halten. Sind wir unfähig, bestimmte Formen und Gestalten, die ihre Zeit gehabt haben, in Gottes Namen sterben zu lassen? Ich weiß aus eigener Erfahrung, das ist leichter gesagt als getan. Aber: Ist künstliche Lebensverlängerung eine Alternative?

Meinen wir, wir müßten Jesus zum Leben erwecken oder lebendig halten? Wer sind wir denn! Da sind wir mit all unserer Mühe und unserem Suchen am falschen Platz. Wir müssen weder Jesus retten noch auch die Kirche, sie sind gerettet. Das ist nicht unser Werk, das ist Gottes Vorgabe. Er hat gehandelt. Jesus Christus lebt. Was uns aufgetragen ist: Daß wir den Lebendigen suchen, am richtigen Platz, nicht bei den Toten. Er, der Herr des Lebens, ist uns allemal voraus. In dieser Gewißheit dürfen wir Ostern feiern: »Das ist der Tag, den Gott gemacht.« Das kann entlasten. Da fällt einem ein Stein vom Herzen – weil der Stein vor dem Grab ins Rollen kam. Gott hat uns einen guten Tag gemacht. Wir dürfen aufatmen.

Wer ist Herr im Haus der Kirche? Es scheint, daß es darüber Unklarheiten gibt: der Papst und die Bischöfe? Oder die Theologen? Oder die Basis? »Eine andere Basis kann niemand legen als die, die gelegt ist: Jesus Christus«

(1 Kor 3, 11). Er ist der Herr. Die Kirche lebt nicht von der sogenannten Basis und von den Theologen, nicht vom Papst und von den Bischöfen, sondern von Jesus Christus, dem Herrn des Lebens. Es ist höchste Zeit, daß wir uns durch Gottes Wort zur Mitte unseres Glaubens zurückrufen lassen. »Was sucht ihr den Lebenden bei den Toten?« Merkt man uns das an, wo das Leben zu suchen und zu finden ist? Sind wir Zeugen des lebendigen Herrn? Dann sind wir am richtigen Platz, in unserer Kirche und in der Gesellschaft.

## »Würdig ist das Lamm, das geschlachtet wurde...«
### Schrifttext: Apk 5, 1–14

›Ein Buch mit sieben Siegeln...‹ Wir wissen, was das heißt, als geflügeltes Wort und mehr noch aus Erfahrung. Nicht selten erscheint uns das ganze Leben wie ein Buch mit sieben Siegeln. Wer weiß denn schon, was die Welt im Innersten zusammenhält? Vieles ist rätselhaft, unverständlich.

*Ein Buch mit sieben Siegeln*

Ein Buch mit sieben Siegeln – das sind wir oft genug uns selbst. Kennen wir uns eigentlich selbst? Wissen wir, wer wir sind? Es gibt Situationen, da verstehen wir uns selbst nicht mehr.

Ein Buch mit sieben Siegeln – im Grunde gilt das für jeden von uns. Wir leben zusammen, wir arbeiten zusammen, vielleicht sogar am selben Ziel. Wir begegnen uns und sagen: ›Wir kennen uns doch, nicht wahr?‹ Oft müssen wir schmerzlich feststellen: Der ist mir ganz fremd (geworden). Eltern verstehen ihre Kinder nicht mehr und Kinder ihre Eltern nicht. Menschen haben sich kennen- und liebengelernt, und dann können sie sich auf einmal nicht mehr sehen.

Da versteht man schließlich die Welt nicht mehr. Was soll das Ganze? Was hat *das Ganze* für einen Sinn? Wir blicken nicht mehr durch, sehen den Zusammenhang nicht mehr. Die Welt und unser Leben – ein Buch mit sieben Siegeln.

*Für immer verschlossen?*

»Wer ist würdig, die Buchrolle zu öffnen und ihre Siegel zu lösen?« (2). Käme doch einer, der sie aufbrechen kann. Wir würden nur allzugern in diesem Buch lesen. Wir möchten wissen, was die Welt im Innersten zusammen- hält, warum wir so sind, wie wir sind, warum die Last des Lebens nicht leichter ist. Wir würden auch gern etwas tun, um uns und die Welt zu ändern, um herauszukom- men aus den vielen schlimmen Kreisläufen von Haß und Gewalt. Wenn wir nur durchblickten!

Die Aufklärung ist davon ausgegangen, daß wir die Welt lesen können wie ein aufgeschlagenes Buch. Und die neuzeitlichen Ideologien haben das für sich in Anspruch genommen. Wie die Menschheitsgeschichte verläuft, das stand bis vor wenigen Monaten in den Schulbüchern der DDR schwarz auf weiß zu lesen: Die Zukunft ist im Griff, sie wird verrechnet, in Fünf-Jahres-Plänen, bis sich alles im Weltkommunismus vollendet. Das ist inzwischen durchschaut, nicht die Welt, sie ist ein Buch mit sieben Siegeln geblieben.

Keine Frage, die Wissenschaften haben im Gefolge der Aufklärung vieles entziffert in diesem Buch, bis zur

Stunde. Der Prozeß geht weiter. Sogar unsere Erbmuster sind lesbar geworden. Aber je mehr wir wissen, desto unfaßlicher wird uns die Welt. Bei allem Wissen im Detail weiß am Ende kaum noch jemand, was das Ganze ist und soll. »Wir wissen immer mehr und werden immer dümmer« (Karl Rahner). Manche sagen, das »Unalphabetentum« breite sich aus. Bei allem Wissen sind wir uns in den entscheidenden Lebensfragen immer weniger gewiß.

Es mag uns gehen wie dem Seher der Offenbarung: Er ist traurig darüber, daß keiner die sieben Siegel aufbrechen kann, die das Buch der Welt und unseres Lebens verschlossen halten. Er weint – es ist ja oft genug auch zum Heulen. Das Weinen ist allemal ehrlicher, als cool darüber wegzugehen oder sich in pseudo-aufgeklärter Abgeklärtheit über die Mühen anderer lustig zu machen. Aber bleibt denn alles ein dunkles Geheimnis, das nie enthüllt werden kann? Bleibt das Buch unlesbar, oder gehen die Siegel auf?

Manches löst sich von selbst, die Siegel nicht. Sie lösen sich auch nicht durch uns. Die Macher machen's nicht: »Niemand im Himmel, auf der Erde und unter der Erde konnte das Buch öffnen und es lesen« (3). Niemand von uns! Wer denn?

### Löwe und Lamm

»Da sagte einer von den Ältesten zu mir: Weine nicht! Gesiegt hat der Löwe aus dem Stamm Juda, der Sproß aus der Wurzel Davids; er kann das Buch und seine sieben Siegel öffnen« (5).

Der Löwe also ist's. Das mag uns einleuchten: der Löwe als Symbol, als Inbegriff der Kraft, der Macht und Gewalt. Viele Staaten und Länder haben den Löwen in ihrem Wappen (auch unser Land Hessen). Viele setzen auf den Löwen als Triebkraft der Geschichte, versuchen, ihren Löwenanteil zu bekommen. Ist das der Sinn der Welt- und Lebensgeschichte?

Auch Israel hat nicht selten allein auf den Löwen gesetzt. Bis »der Löwe aus dem Stamm Juda, der Sproß aus der Wurzel Davids« kam. Durch ihn bekommt der Löwe ein anderes Gesicht. Er wird – wie im Kontrast – durch ein anderes Tier umgestaltet, maßgeblich und verbindlich für das Volk Gottes: Der siegreiche Löwe ist das geschlachtete Lamm.

Das Lamm wird den Löwen vorgeworfen (wie Daniel). Es kommt nicht ungeschoren davon, es wird geschlachtet, dem Rachen des Todes ausgesetzt. Doch es geht in den Abgründen der Löwengrube nicht unter. Es erhebt sich. Er, der Gekreuzigte, steht auf zu neuem Leben. In ihm ist das Geheimnis unseres Lebens erschlossen.

Das geschlachtete Lamm ist würdig, »das Buch zu nehmen und seine Siegel zu öffnen« (9). Es hat die Siegel durchlitten, aufgelitten. Durch das geschlachtete Lamm ist das Buch lesbar geworden. Das Geheimnis der Welt ist nicht bestimmt von der Liebe zur Macht, sondern von der Macht der Liebe. Das ist wie eine Erlösung. Das ist die Erlösung!

Die Osterbotschaft sagt uns dieses beides:

– Der Löwe ist das Lamm. Von ihm her erschließt sich der Sinn der Welt- und unserer Lebensgeschichte. Wir sind »erkauft mit seinem Blut«, »aus allen Stämmen und Sprachen, aus allen Nationen und Völkern« (9).

– Das Lamm ist der Löwe. Es ist nicht ein Zeichen der Schwäche, sondern der Stärke. Also nicht ein Osterlamm, wie man es beim Bäcker kaufen kann, mit Schokolade überzogen und allemal lammfromm. Wir halten's in der Hand und sagen: ›Ach wie süß...‹ So nicht! Das Lamm ist der Löwe, kraftvoll, feurig. Das geschlachtete Lamm, der gekreuzigte Jesus Christus empfängt »Macht, Reichtum und Weisheit, Kraft und Ehre, Herrlichkeit und Lob« (12).

Es ist gut, das zu wissen, mehr noch: dessen gewiß zu sein. Er, der ganz Reine, der nicht in die eigene Tasche wirtschaftete und über Leichen ging, der sich ganz für die anderen gab, er hält letztlich die Macht in den Händen. Bei ihm ist sie in guten, in besten Händen. In ihm sammelt sich der Sinn der Geschichte.

Wer's bedenkt und wem sich so der Sinn des Lebens erschließt, der geht in die Knie: »Sie fielen nieder und beteten an« (14). Was können wir schließlich und endlich Besseres tun, hier im Gottesdienst und überhaupt, als Ostern zu feiern. Vor allen Pastoralplänen und kirchlichen Fünf-Jahres-Plänen ist dies zu sagen: Ostern ist zu feiern, mit allem, was wir sind und haben. Mit unseren Stimmen und Instrumenten dürfen wir aus voller Kehle im Chor das »neue Lied« (9) singen. »Sie riefen mit lauter Stimme: Würdig ist das Lamm, das geschlachtet wurde...« (12). Amen, ja Amen.

## Unverwundbar?
### Schrifttext: Joh 20, 19–31

Es ist ein uralter Traum der Menschheit, unverwundbar zu sein. Sagen erzählen davon. Jeder von uns kennt das Nibelungenlied: Siegfried, der große Held, tötet den Drachen. Er badet sich in dessen Blut und wird dadurch unverwundbar. Kein Schwert kann ihm etwas anhaben. Doch während er sich im Drachenblut badet, fällt ein

Lindenblatt auf seine Schulter. Das ist die schwache Stelle, die eine wunde Stelle.

Die griechische Sage erzählt von Achill, dem Helden von Troja. Seine Mutter Thetis will ihn unmittelbar nach der Geburt unverwundbar machen. Sie taucht ihn in das Feuer des Hephaistos und in das Wasser des Styx. Aber sie muß ihn dabei an der Ferse festhalten. Das bleibt die wunde Stelle, die Achilles-Ferse.

## Traum der Unverwundbarkeit

Warum faszinieren uns solche Gestalten? Filme und Comics sind voll von Siegfriedstypen, von Helden, die nicht zu schlagen sind, unangreifbar. In ihnen spiegelt sich der uralte Traum, unverwundbar zu sein. Wir träumen ihn heute weiter, auf unsere Art. Wenn doch nur diese wunde Stelle nicht wäre! Im Grunde unseres Daseins ahnen wir schon, wie verletzlich wir sind. Wir wissen, daß wir offene Flanken haben: das Lindenblatt auf der Schulter und die Achilles-Ferse. Die Angst sitzt uns im Nacken oder an der Ferse, die Angst, die uns von hinten anfällt wie das heimtückische Schwert Hagens oder der tödliche Pfeil des Paris.

Wir können dem Tod nicht entgehen. Das ist eine Grundwahrheit unserer menschlichen Existenz. Wie werden wir damit fertig? Nichts fällt dem Menschen so schwer, als daß er sich seine Endlichkeit und Sterblichkeit eingesteht. Was wird nicht alles getan, diese Wahrheit zu überspielen. Wir möchten auch die letzte wunde Stelle, an der man uns im Rücken oder an der Ferse treffen könnte, mit einer Hornhaut überziehen. Sicherheit ist in unserer Gesellschaft zu einem Heilswort geworden. Was wir erreicht und aus uns gemacht haben, soll auf jeden Fall und um jeden Preis gesichert und versichert sein.

Wie im kleinen, so im großen. Rüstungsexperten sprechen – offenbarend genug – vom »Fenster der Verwundbarkeit«. Das muß unbedingt geschlossen werden, koste es, was es wolle. Man möchte vollends und in jeder Beziehung unangreifbar sein: SDI im Westen, ähnliche Versuche im Osten. Und dann kommt ein junger Amateur (Matthias Rust) und unterläuft, unterfliegt das ganze Sicherheitssystem und landet mitten im Zentrum der Macht auf dem Roten Platz. – Die wunde Stelle bleibt. Alle Mittel werden in Bewegung gesetzt, um auch sie noch zu schließen, aber es gelingt nicht.

*Der verwundete Arzt*

Gott ist zu unserem Heil einen anderen Weg gegangen. Der Mensch will sein wie Gott (Gotteskomplex) und erträumt sich die Unverwundbarkeit. Gott wird Mensch und läßt sich verwunden, um die Menschen von ihrem Wahn der Unverwundbarkeit zu erlösen.

Jesus ist verwundet worden. Er ist tödlich verwundet worden. Er hat sich ganz hingegeben. Das geht nicht ohne Wunden. Jesu Todeswunden sind das Sinnbild seiner schöpferischen Lebenshingabe. Wir träumen vielleicht von einem Supersiegfried, von einem Superachill. Der ist er nicht. Er ist verletzlich, er zeigt seine offenen Flanken. Er hat sich den Wunden ausgesetzt, am eigenen Leib. Er ist ihnen nicht ausgewichen. Er hat sich lieber verwunden lassen, als andere zu verwunden.

Er ist denen nachgegangen, die verwundet sind. Er hat sich ihrer Wunden angenommen, nicht um darin herumzukratzen oder sie zu verherrlichen, sondern um sie mitzutragen, bis zum bitteren Ende. Er hat die wunden Stellen der Menschheit durchgetragen, als Heiland der Welt. Er ist der verwundete Arzt (wie ihn die Väter unseres

Glaubens nennen). Er heilt, indem er sich selbst verwunden läßt.

Diese Wunden sind ihm eingeprägt. Sie gehören zu ihm, auch nach der Auferstehung. Er verbirgt und verleugnet sie nicht. Er fordert geradezu auf, sie zu sehen und sie zu berühren. Der Weg zum Glauben führt über die Wunden: »Thomas, streck deinen Finger aus – hier sind meine Hände! Streck deine Hand aus und leg sie in meine Seite, und sei nicht ungläubig, sondern gläubig!« (Joh 20, 27).

*Unser Wohnort*

> »O Israel,
> Erstling im Morgengraukampf
> wo alle Geburt mit Blut
> auf der Dämmerung geschrieben steht.
> O das spitze Messer des Hahnenschreis
> der Menschheit ins Herz gestochen,
> o die Wunde zwischen Nacht und Tag
> die unser Wohnort ist!«

»Jakob« heißt dieses Gedicht von Nelly Sachs. Es bringt nicht nur die Geschichte des Stammvaters, sondern auch Israels Geschichte überhaupt zur Sprache. Welches Volk hätte gerade angesichts der Ereignisse unseres Jahrhunderts ein größeres Recht, von der Wunde zu sprechen, »die unser Wohnort ist«!

Die christliche Tradition erkennt in Jakob/Israel ein Bild für Christus: Sein Wohnort ist die Wunde, die Wunde »zwischen Nacht und Tag«, zwischen der Sonnenfinsternis des Karfreitags und dem Aufgang der Sonne am Ostermorgen.

Die Christenheit hat in dieser Wunde ihren Ursprung und Ort. Die Kirche ist, so sagen die Väter unseres Glaubens, aus Jesu Seitenwunde geboren. Da also kommen wir her, aus einer Wunde. Christen sind Menschen, die das »Fenster der Verwundbarkeit« nicht verleugnen. Wir wollen die eigenen Wunden nicht verbergen, auch die nicht, die wir selbst und als Kirche anderen geschlagen haben und schlagen. Wir wollen die wunden Stellen der Kreatur nicht überspielen. Wir tragen sie mit.

Es ist menschlich, Wunden zu haben und verwundbar zu sein. Wunden können feinfühliger machen und hellsichtig. Gott bewahre uns vor der Hornhaut der »unheilbar Gesunden«, vor jenem »Menschentyp, vor dem selbst der Geist Gottes ratlos steht und keinen Eingang findet, weil alles mit bürgerlichen Sicherheiten und Versicherungen verstellt ist« (A. Delp). Wo wirklich gelebt und gearbeitet, geliebt und Verantwortung wahrgenommen wird, da entstehen Wunden. Nur wer in der Lage ist, sich mit seinen wunden Punkten und offenen Flanken mitzuteilen, wird auf dem Weg der Heilung vorankommen. Er wird an den Wunden anderer mittragen und an ihrer Heilung mitwirken, im Namen Jesu Christi, des verwundeten Arztes.

Die Wunde, »die unser Wohnort ist«. Ein riskanter Wohnort! Denn der Hahnenschrei, wie ein spitzes Messer »der Menschheit ins Herz gestochen«, kann nicht nur den Tag ankündigen, sondern auch den Verrat. Nur von der Wunde her wird er zum Weckruf, daß die Sonne aufgeht.

# III

# Geist und Kirche

## Jesus Christus ist der Herr
Schrifttext: 1 Kor 12,3–13

Wenn wir im Glaubensbekenntnis sprechen: »Ich glaube an den Heiligen Geist«, dann folgt unmittelbar: »die heilige katholische Kirche«. Heiliger Geist und Kirche gehören ganz eng zusammen. Die Kirche ist Gemeinschaft des Heiligen Geistes. Pfingsten ist der Ursprung der Kirche.

### Wer leitet die Kirche?

An die Situation kann ich mich noch gut erinnern: Ein Theologiestudent in den ersten Semestern kommt ins Examen. Der Professor fragt: »Wer leitet die Kirche?« Der Student antwortet: »Jesus Christus«. Darauf der Professor: »Aber das wollen wir doch hier nicht hören ...«

Hier hören wir's, als Gottes Wort in der Pfingstlesung: »Jesus ist der Herr ... Es gibt verschiedene Dienste, aber nur den einen Herrn.« So steht's da klipp und klar, ohne Wenn und Aber. Jesus Christus ist Herr im Hause der Kirche.

Muß man überhaupt ein Wort darüber verlieren? Das versteht sich doch von selbst. Das gilt so grundsätzlich und allgemein, daß es niemanden vom Stuhl reißt. Oder doch? Jedenfalls betrifft es die ganze kirchliche Stuhlordnung. »Er sitzt zur Rechten Gottes, des allmächtigen Vaters.« Er allein ist der Herr. Jeder Amtsträger, auf welchem Stuhl er auch sitzt, auf dem Bischofsstuhl oder auf dem Priestersitz oder auf dem Heiligen Stuhl, jeder ist diesem Herrn verantwortlich. Alle Autoritäten in der Kirche haben nur soviel Sinn und Berechtigung, wie sie in der Nachfolge Jesu stehen und auf ihn als die letzte Autorität hinweisen.

Warum unterstreicht der Apostel das so ausdrücklich? Hier scheiden sich die Geister: »Keiner kann sagen: Jesus ist der Herr!, wenn er nicht aus dem Heiligen Geist redet« (12,3). Nur in der Kraft des Geistes werden wir der Versuchung widerstehen, uns selbst als die Herren aufzuspielen (vgl. Mt 24, 45–51).

»Jesus ist der Herr!« – das heißt auch: Die Kirche ist keine Demokratie im Sinne dieses Wortes. In ihr geht die Gewalt nicht vom Volk aus, sondern von Jesus Christus. Sie ist weder eine Demokratie noch eine Aristokratie noch eine Monarchie; sie ist der Raum, in dem Gottes Herrschaft zum Zuge kommen soll. Die durchkreuzt unsere gängigen Leitungsmuster. Wenn das nicht mehr spürbar ist, wenn nicht mehr deutlich wird, daß es nicht um Menschenherrschaft, sondern um Gottes Herrschaft geht, dann verfehlt die Kirche ihre Berufung.

*Energiekrise?*

»Jesus ist der Herr!« – das hat Folgen. Er setzt seine Energie frei, von der die Kirche lebt. Die kommt nicht von unten, sondern von oben. Sein Heiliger Geist ist »die Kraft aus der Höhe«, nicht unser Werk, sondern Gabe, Geschenk. Der Geist ist nicht ein Produkt der Kirche, die Kirche ist eine Frucht des Geistes. Geist ist Gabe. Wie wenn wir sagen: Der ist begabt. Das gilt in der Kirche nicht nur für einige wenige.

Jeder ist begabt. Jeder ist auf seine Weise eine Offenbarung des Geistes: Frauen und Männer, Jugendliche und Erwachsene, Theologen und Laien, Juden und Griechen, Afrikaner und Inder. »Jedem wird die Offenbarung des Geistes geschenkt, damit sie anderen nützt« (7).

Der Apostel überschlägt sich fast, die einzelnen Begabungen aufzuzählen: Weisheit, Erkenntnis, Glaubenskraft, Krankheiten zu heilen, die Geister zu unterscheiden... Das sprudelt von Energie. So ist die Kirche, sagt Paulus, voller Begabungen.

Wir stehen ziemlich ratlos davor: Wie ist das denn bei uns? Merkt man etwas davon? Steckt die Kirche heute in einer Energiekrise? Pfingsten will uns ermutigen, die Begabungen in uns und um uns zu entdecken und zu fördern. Es gibt sie doch: Menschen, die von ihrem Glauben sprechen aus Erfahrung, die anderen Anteil daran geben. Das ist kein Monopol der Theologen. Das muß man nicht studiert haben. Nicht um Angelerntes geht's, sondern um Erlebtes. Das gibt's doch unter uns: Katechetinnen und Katecheten, die in der Vorbereitung auf die Sakramente mit der Überzeugungskraft ihres Lebens für den Glauben einstehen. Das gibt es doch unter uns: die vielen Frauen und Männer, die in den synodalen Gremien unsere Pfarrgemeinden mittragen.

Oder denken wir daran, was in dieser Woche in Basel geschieht: die große ökumenische Kirchenversammlung für »Frieden und Gerechtigkeit für die ganze Schöpfung«. Und vergessen wir nicht, was sich in der Weltkirche tut: die verschiedenen Ortskirchen in Lateinamerika, Afrika und Asien – Offenbarungen des Geistes.

Es ist ein großer Unterschied, ob wir die Vielfalt in der Kirche nur mit Angst und Schrecken hinnehmen oder in ihr das Wirken des Geistes Gottes wahrnehmen. Er wirkt ja nicht nur die vielfältigen Begabungen, er verbindet sie zur Einheit, sagt der Apostel: »Das alles bewirkt ein und derselbe Geist, einem jeden teilt er seine besondere Gabe zu, wie er will« (11). Wie *er* will, nicht unbedingt und in jedem Falle, wie wir es wollen. Er spendet die Gaben. Er ist die Seele des Ganzen, die Seele der Kirche. Er verbürgt die Einheit in der Vielfalt.

*Amt und Gemeinde*

Und das Amt in der Kirche? Geht es im Sturm des Heiligen Geistes unter? Verschwindet es unter den vielen Gaben, die der Geist wirkt? Paulus spricht an dieser Stelle nicht ausdrücklich vom Amt, aber er nimmt es wahr. Er weiß sich von Christus zum Apostelamt berufen, das gerade der Einheit in der Vielfalt zu dienen hat. Er schreibt im vollen Bewußtsein seiner Autorität, nicht nur als Christ zu Mitchristen. Er schreibt als Apostel, der kraft seines Amtes der Gemeinde in Korinth gegenübersteht und ihr etwas zu sagen hat, nicht nur Freundlichkeiten. Er schreibt ihnen einiges ins Stammbuch, bis dahin, daß er Leute aus der Gemeinde ausschließt.

Amt und Gemeinde, in der jeder unmittelbar vom Geist Gottes begabt ist: Kann man das zusammenhalten?
– Man kann die besondere Sendung und Verantwortung des Amtes so vereinseitigen, daß sie zur alleinigen Verantwortung wird. Dann geraten alle Formen der Mitverantwortung in Konkurrenz zum Amt, werden allenfalls (vorübergehend) als notwendiges Übel oder als Spielwiese geduldet.
– Umgekehrt kann die gemeinsame Verantwortung aller Christen so verabsolutiert werden, daß man denkt: Es gibt gar nichts anderes, die besondere Verantwortung des Amtes hat sich erübrigt.

58

Gegenüber solchen Engführungen hat Paulus Amt und geistbegabte Gemeinde zusammengehalten und damit der Kirche den Weg gewiesen. Die verschiedenen Formen der Mitverantwortung sind nicht als Einschränkung des Amtes zu verstehen, sondern als Entfaltung der Kirche durch den Geist. Dem wollen die Strukturen der Mitverantwortung bis in unsere Synodalordnung hinein dienen. Die Amtsträger tragen eine besondere, aber nicht die alleinige Verantwortung für die Kirche, sie können um sich herum eine Fülle geistgewirkter Begabungen entdecken. Die haben sie zu fördern. Das ist nicht zuletzt die Aufgabe des Amtes. Autorität kommt vom lateinischen augere und heißt zu deutsch: fördern, mehren. Also: die verschiedenen Begabungen nicht blockieren, sondern ermutigen, die Laien befähigen, Kirche verantwortlich mitzutragen, ihnen die Möglichkeit geben, diese Verantwortung wahrzunehmen. Nicht die Abgrenzung, sondern das Zusammenspiel läßt den Glauben wachsen.

Beides: Amt und die Begabungen in der Gemeinde in der Kirche verdanken sich dem einen Geist. Gibt es ein stärkeres Band, das uns bei aller Spannung zusammenhält? Der Heilige Geist öffnet in unserer Kirche Türen, die niemand mehr schließen kann.

## Das Angesicht der Erde erneuern
### Schrifttext: Ps 104, 30

»Sende aus deinen Geist,
und das Antlitz der Erde wird neu.«

Ein kurzer Gebetsruf, er ist uns noch im Ohr, und wir sollten ihn ganz tief in uns hineinlassen. Er faßt die Bitte um den Heiligen Geist zusammen, die vielen von uns von

Jugend auf vertraut ist: »Sende aus deinen Geist, und
alles wird neu geschaffen, und du wirst das Angesicht der
Erde erneuern.«

## Erde mit Gesicht

Ein altes Gebet, über 2500 Jahre alt, und doch über-
raschend neu: »Das Angesicht der Erde erneuern.«
Haben Sie das schon einmal bedacht: Die Erde hat ein
Gesicht?

Daß der Mensch ein Gesicht hat, das wissen wir, das
zeichnet ihn aus. Wir können uns ins Gesicht schauen
und uns anreden. Aber die Erde, die Geschöpfe – wie
kann man da vom Gesicht sprechen?

Seltsam genug: Ein kleines Kind redet alle Dinge mit
»du« an, ganz spontan, intuitiv. Wir lachen darüber, denken: Das ist naiv, unaufgeklärt. Und wir reden es ihm
aus. Schade, denn darin steckt Wahrheit. Die Dinge, die
Geschöpfe sind Ausdruck eines Du, haben ein Gesicht.

Sie sind nicht einfach ein Ding, Materie, Material.
Selbst in dem Wort Materie steckt ja noch die Nähe zu
»mater«, zur Mutter Erde. Sie hat ein Gesicht, sie schaut
uns an, und durch sie schaut Gott uns an und kommt auf
uns zu. Die Erde ist endlicher Ausdruck des unendlichen
Gottes, Gleichnis des Schöpfers. Gottes Geist wohnt in
der Welt wie die Seele im Leib. Die Welt ist nicht geistlos,
und Gottes Geist ist nicht weltlos oder gar weltflüchtig.
»Der Geist des Herrn erfüllt das All...«

## Geisterfüllte Schöpfung

Damit wird das All nicht vergöttlicht. Es ist Welt, Erde,
Staub, nicht Gott, wie der Pantheismus meint und wie es
manche Strömungen im New-Age nahelegen. Das All ist

nicht Gott, sondern Welt, aber Gottes Geist inspiriert das All. Davon lebt es. Die Geschöpfe verdanken sich Gottes Geist. Der Psalm 104 sagt:

> Verbirgst du dein Gesicht, sind sie verstört;
> nimmst du ihnen den Atem, so schwinden sie hin
> und kehren zurück zum Staub der Erde.
> Sendest du deinen Geist aus,
> so werden sie alle erschaffen,
> und du erneuerst das Antlitz der Erde« (104, 29f).

Der Geist Gottes ist nicht nur dem Menschen vorbehalten und schließlich gar nur für den Kopf oder für die Innerlichkeit reserviert. Wie er unseren Leib belebt, so auch die Mitgeschöpfe. Sie sind nicht irgendein Ding, geist- und gottverlassen, sondern von Gottes Geist beseelt. Der Geist Gottes gibt der Erde und den Kreaturen ihr Gesicht.


*Der Durchblick*

Zu einem Rabbi kommt ein Schüler und fragt ihn, was Glauben sei. Der Rabbi führt ihn zum Fenster und fragt ihn: »Was siehst du?« Der Schüler antwortet: »Menschen, Häuser, Bäume...« – Der Rabbi führt ihn zu einem Spiegel und fragt ihn: »Was siehst du jetzt?« Der Schüler antwortet: »Jetzt sehe ich mich selbst.«

»Siehst du«, sagt der Rabbi, »wenn du dein Leben läßt, wie es ist, so schaust du hindurch wie durch ein Fenster auf die ganze Welt, bis zu ihrem Schöpfer. Ist dir aber das Glas nicht genug und legst du nur ein bißchen Silber auf, so siehst du nur noch dich selbst.«

Glauben heißt, das Gesicht der Erde wahrzunehmen und durchzuschauen bis zum Gesicht des Schöpfers, das in den Geschöpfen aufleuchtet und offenbar wird. Um diesen Durchblick geht's. Gott hat sein Geheimnis »in die Bäume geschrieben, nicht allein in die Bücher«, sagt Martin Luther. – Gibt das nicht zu denken: In dem Augenblick, da wir meinen, unsere Bäume würden in den Himmel wachsen, beginnen sie zu sterben. Sie sterben, weil wir ihr Geheimnis nicht mehr wahrnehmen.

## *Der Erde treu bleiben*

Legt man nur ein bißchen Silber unter das Glas, dann blickt man nicht mehr durch und sieht nur noch sich selbst. Dann sieht alles auf einmal ganz anders aus (wie beim Zauberlehrling). Der Mensch denkt, er habe den Geist für sich gepachtet, er nimmt ihn in den Mitgeschöpfen gar nicht mehr wahr. Er geht geistlos damit um, plündert sie aus nach Strich und Faden und mißhandelt sie, vergreift sich an ihnen, macht sie zum Material seiner Manipulationskünste und Konsumgelüste.

Es ist ein verheißungsvolles Zeichen der Zeit, daß viele – gerade junge Leute – heute ein Gespür dafür bekommen, daß es so nicht weitergeht. Wichtig nur, daß wir nicht beim Schwefeldioxyd und beim Bleigehalt in der Luft stehenbleiben. Die Umweltkrise ist eine Krise des Menschen: Er blickt nicht mehr durch bis zum Gesicht der Erde, durch das Gott uns anschaut. Durch Attacken gegen den praktischen Materialismus und Konsumismus allein werden wir die Situation nicht durchgreifend ändern, sondern nur dadurch, daß wir richtig sehen lernen, neu den Durchblick gewinnen.

Christen dürfen sich von niemandem darin übertreffen lassen, der Erde treu zu bleiben. Wenn Gott die Welt durch seinen Geist beseelt, dann dürfen wir sie nicht zum Teufel gehen lassen. Wir werden neu auf den Geist Gottes achten lernen, der das Angesicht der Erde erneuert.

## Eigentlich nicht nötig

Die Situation kennen Sie alle: Ich bin eingeladen zu Besuch. Die Dame des Hauses öffnet, ich überreiche einen Blumenstrauß, und sie sagt: »Das ist aber eigentlich nicht nötig.«

*Nicht zu gebrauchen*

Sind Blumen nötig? Mancher denkt: Sie kosten viel und bringen wenig. Wenn schon ein Geschenk, dann etwas »Praktisches«, etwas, daß man »gebrauchen« kann. Blumen sind nicht nötig, wie andere Dinge nötig sind. Man kann sie nicht verwerten. Und oft, allzu oft denken wir nur daran.

Wir fragen: Was bringt's? Was habe ich davon? Was kann ich damit machen? Diese Fragen können uns ganz gefangennehmen. Dann sehen wir schließlich auch Religion und Kirche nur noch durch diese Brille: Was habe ich davon? Was bringt mir der Gottesdienst? Die Kirche wird schließlich zur Service-Station in Sachen Sinn, zur Institution für bestimmte soziale Dienste, zum moralischen Rückhalt für Staat und Gesellschaft. Wenn das alles ist, hat sie ihr Ziel verfehlt.

Zurück zum Blumenstrauß: Sind Blumen nötig? Es gibt Erfahrungen in unserem Leben, die über das vordergründig Nötige hinausreichen. Blumen sind eigentlich nicht nötig, aber sie sind schön. Sie eröffnen eine neue Dimension, über die Kosten-Nutzen-Kalkulation und über das »Wie du mir, so ich dir« hinaus. Da schweigt die Frage nach dem Nötigen, nach dem, was ich »gebrauchen« kann.

Ist die Musik nötig? Ist es nötig, daß wir diesen großen Chor haben? Was bringt er denn? »Eigentlich nicht nötig...« Aber es ist schön, daß der da ist, es ist gut, daß wir singen. Könnten wir sonst feiern?

## Ist Liebe nötig?

Ist Liebe nötig? Sie ist nicht unbedingt nötig, um ein Kind zu zeugen. Mann und Frau können das auch so »machen«. Und schließlich kann man es auch im Reagenzglas machen. Aber was dann dabei herauskommt?

Ist Liebe nötig? Man kann sie nicht »gebrauchen«, nicht »verwerten«. Es ist, wie wenn jemand zum anderen sagt: »Ohne dich möchte ich nicht leben. Immer will ich mich für dich einsetzen, immer will ich zuerst fragen: Was ist gut für dich?« – Das alles wird von Grund auf verkehrt, wenn der andere mich einfach als sein Eigentum betrachtet, wenn er das freie Versprechen, ihm zu gehören, in ein Verfügungsrecht verkehrt. Dann belügt er sich selbst, indem er meine Liebe, die ich ihm nur in Freiheit schenken kann, wie eine platte Gegebenheit »gebraucht«.

Wir sagen oft: »Du, ich brauche dich.« Das kann gut gemeint sein. Es wird aber ganz schlimm, wenn ich jemanden gebrauche wie eine Zigarette oder ein Geldstück. Dann mißbrauche ich ihn.

Ist Liebe nötig? Mehr noch als bei den Blumen und der Musik stoßen wir mit dieser Frage in eine andere Dimension. Es gibt Erfahrungen, die das vordergründig Nötige weit überschreiten. Wenn wir ihnen folgen, spüren wir auf einmal: Das, von dem wir sagen: »Eigentlich nicht nötig«, ist – es klingt paradox – das Allernötigste. Es läßt uns Mensch werden und bleiben.

*Geist der Liebe*

Hat das alles etwas mit Gott zu tun? Sehr viel! Die Frage stellt sich, sie ist nicht aus der Luft gegriffen: Haben wir Gott nötig? Mancher denkt: »Eigentlich nicht nötig... Die Sonne scheint auch ohne Gott, das Bier schmeckt auch ohne Gott, und der Rubel rollt auch ohne Gott.«

In der Tat, Gott ist nicht nötig wie Geld und Bier. Wer Gott für sein Fortkommen gebrauchen will, geht leer aus. Meister Eckhart sagt: »Manche Menschen wollen Gott mit den Augen ansehen, mit denen sie eine Kuh ansehen. Sie wollen Gott lieben, wie sie eine Kuh lieben. Die liebst du wegen der Milch und des Käses und deines eigenen Nutzens. So halten's alle jene Leute, die Gott um des äußeren Reichtums oder des inneren Trostes willen lieben. Die aber lieben Gott nicht recht, sondern sie lieben ihren Eigennutz.«

Gott läßt sich nicht gebrauchen wie Käse und Milch. Er möchte uns auf einer anderen Ebene begegnen, dort, wo jemand sagt: Ohne dich will ich nicht leben, nicht weil ich etwas von dir haben muß, sondern weil du du bist.

Ahnen Sie, was Pfingsten ist, Heiliger Geist? Geist ist Gabe. Der Heilige Geist ist nicht ein Ding, daß ich gebrauchen kann wie Käse und Milch. Ich kann ihn auch auf frommem Wege nicht machen. Es gibt keine kirchlichen Milch- und Käsefabriken, die ihn produzieren. Wir sind weder Macher noch Verbraucher des Geistes. Aber wir dürfen ihn empfangen: »Die Liebe Gottes ist ausgegossen in unsere Herzen durch den Heiligen Geist, der uns gegeben ist« (Röm 5,5).

Eigentlich nicht nötig? Gottes Geist ist so nötig, wie die Liebe nötig ist. »Komm, Heiliger Geist, erfülle die Herzen deiner Gläubigen und entzünde in ihnen das Feuer deiner Liebe.«

# »Bei euch soll es nicht so sein...«

### Schrifttext: Mk 10, 35–45

Dieses Evangelium hat's in sich. Ein wichtiges Wort für die, die ein Amt in der Kirche haben, und für alle Christen. »Wer bei euch groß sein will, der soll euer Diener sein...« (43).

### Dienst – Macht

Alle reden vom Dienst, in der Kirche jedenfalls: das bischöfliche Dienstamt, der priesterliche Dienst, der Dienst des Laien und schließlich die Dienstgemeinschaft, nicht zu vergessen der Papst als der servus servorum, der Diener der Diener. Alle wollen dienen in der Kirche, und fast alle sind der Meinung, daß sie es tatsächlich auch tun. Macht hat keiner, allenfalls geistliche Vollmacht.

Zweifel sind da erlaubt. Das Evangelium nährt solche Zweifel. Es weist uns ausdrücklich darauf ihn, daß es so einfach mit dem Dienst nicht ist. Man kann schnell von Dienst und Dienstgemeinschaft reden, und in Wirklichkeit breiten sich Machtgelüste aus, nicht offen, aber darum besonders gefährlich. Machtwille als Dienst getarnt, das ist unerträglich. So etwas gibt's in der Kirche. Die Zebedäus-Söhne jedenfalls sprechen für sich, mit ihrer heimlichen Sehnsucht nach den Schaltstellen oben, rechts und links. Das gibt's in der Kirche.

Jesus macht sich und uns da nichts vor. Schon damals gab es Leute in der Kirche, die dachten: ›Ach, der Herr ist weit weg, und jetzt sind wir dran. Jetzt wollen wir mal sehen, was Sache ist...‹ (vgl. Mt 24, 45–51). Das wird ein böses Erwachen geben, sagt Jesus, mit Heulen und Zähneknirschen.

Alle reden von Dienst. Das Wort hat ein Gütesiegel. Es

66

spricht für sich, niemand kann ihm widersprechen. Dienst – leicht ist's gesagt. Aber getan? Nehmen wir den Mund nicht zu voll? Wir wissen doch, wie es aussieht.

## So nicht

»Ihr wißt, daß die, die als Herrscher gelten, ihre Völker unterdrücken und die Mächtigen ihre Macht über die Menschen mißbrauchen« (42). So ist das eben in der Welt. Das alte Lied. Da herrschen die einen, und die anderen werden unterdrückt. Die einen üben Gewalt aus, die anderen haben darunter zu leiden. Und nun sagt Jesus nicht: ›Es muß alles anders werden, ihr müßt die ganze Welt verändern‹, sondern er sagt: ›*Ihr* könnt, ihr sollt es anders machen. Schluß mit dem Herrschen und Unterdrücken, Schluß mit dem Machtmißbrauch.‹ »Bei euch aber soll es nicht so sein, sondern wer bei euch groß sein will, der soll euer Diener sein« (43).

## Nur ein Herr

Warum soll es bei uns anders sein, als es sonst gängig ist? Den Grund gibt Jesus an, klar und unmißverständlich: »Denn auch der Menschensohn ist nicht gekommen, um sich bedienen zu lassen, sondern um zu dienen und sein Leben hinzugeben als Lösegeld für viele« (45). Der alleinige Grund für das andere Verhalten ist Jesus selbst. Er ließ sich nicht bedienen und wollte erst recht nicht verdienen, er diente. Er gab, was er hatte, und das war nicht wenig. Er gab nicht etwas, er gab alles. Es ging ihm nicht um Position und Privilegien. Er ließ sich nicht zum König krönen, das wies er ausdrücklich ab. Er widerstand der Versuchung, mit Macht die Welt in Ordnung zu bringen, mit Macht die sogenannten klaren Verhältnisse zu schaffen. Er ging nicht über Leichen, er setzte sein Leben für uns ein, »als Lösegeld für viele« (45).

Warum ist Jesus diesen Weg gegangen? Warum hat er nicht mit Macht klare Verhältnisse geschaffen? Es ging ihm allein um Gott, um Gottes Herrschaft. Die wird verdunkelt, wo Menschen über Menschen herrschen. Wie soll man da erkennen, daß nur einer Herr ist: Gott!?

Die Kirche ist der Raum, in dem Gottes Herrschaft zum Zuge kommen soll. Dort muß jeder spüren können, wer Herr im Hause ist. Darum gilt: »Bei euch soll es nicht so sein«, nicht so, wie es sonst in der Welt zugeht bei den üblichen Herrschaften. Bei uns sollen die Menschen eine Ahnung davon bekommen, daß es nicht um Menschenherrschaft geht, sondern um Gottes Herrschaft. Sie sollen spüren: ›Denen geht's tatsächlich um Gott.‹ Wo die Kirche diese Erfahrung nicht mehr vermittelt, verfehlt sie ihre Berufung.


*Konsequente Alternative?!*

Sind wir nicht gewaltig überfordert? Wir wissen doch, wie's in der Welt aussieht. Und wir wissen auch, wie's unter uns zugeht. Es ist tröstlich zu wissen, daß das nicht erst bei uns so ist, sondern daß schon die Jünger, die Zebedäus-Söhne an diesem Punkt offenkundig ihre Probleme hatten. Gut, daß das Evangelium sie nicht verschweigt, sondern offen ausspricht. Bei uns geht's oft allzu menschlich zu. Es geht eben nicht anders...

Doch, sagt Jesus, es geht anders. Mit mir geht es anders. »Bei euch soll es nicht so sein...« Da gibt's kein Wenn und Aber. Da geht kein Weg daran vorbei. Zur Nachfolge gibt es keine Alternative. Also versucht's auf diesem Weg. Wie denn sonst wollt ihr deutlich machen, daß es um Gottes Herrschaft geht. Wenn ihr selbst euch als Herren aufspielt, dann merkt keiner mehr, wer Herr im Hause ist. Dann denkt jeder: Das ist in der Kirche wie überall in der Welt. Also versucht's, versucht's nicht nur über das Wort in der Predigt und nicht nur jeder für sich, versucht's auch als Kirche, in den Strukturen der Kirche. Dort muß man merken können, daß man es nicht mit den üblichen Herrschaften zu tun hat.

Es wird heute viel davon gesprochen, daß wir uns nicht anpassen dürfen. Das ist nicht nur eine Frage der Lehre, unserer Verkündigung, sondern das ist wesentlich auch eine Frage unserer Praxis, etwa der Darstellung des Amtes. Wie leben wir, wie verhalten wir uns? Werden da Alternativen sichtbar? Dazu lädt Jesus ein, daß wir uns nicht anpassen, sondern es anders versuchen als andere. »Bei euch soll es nicht so sein, sondern wer bei euch groß sein will, der soll euer Diener sein.«

# Kirche – um der Menschen willen
### Predigt bei der 750-Jahrfeier des Frankfurter Doms

»Kirche – um der Menschen willen.« Ist das alles? Ist das allein Ziel der Kirche? Alle Leute werden zustimmen und sagen: Klar, dafür seid ihr da, ihr sollt helfen, wenn jemand in der Klemme sitzt. Kirche als Unfallstation oder als moralische Anstalt, als Sinnagentur. Ist das alles? Und was ist mit Gott? – Darüber wollen wir ein anderes Mal reden... Nein, auf keinen Fall!

## Gott – um der Menschen willen

Um der Menschen willen ist hier zuallererst von Gott zu reden. Um der Menschen willen! Wir tun den Menschen

69

keinen Dienst, wir betrügen sie, wenn wir Gott verschweigen. Mit ihm steht unser Menschsein, unsere
Menschlichkeit auf dem Spiel. Hier entscheidet sich, wie
groß oder klein wir von uns selbst und von unserer Welt
denken. Wer an Gott glaubt, läßt sich von niemanden
darin übertreffen, groß vom Menschen zu denken. Wer
sich mit seinen eigenen Wünschen und Interessen zufrieden gibt, hat einen kleinen, endlichen Horizont. Wir sind
mehr, als wir haben und aus uns machen, mehr als unser
Werk.

Die Menschen, die vor 750 Jahren den Dom gebaut
haben, wußten das, sonst wären sie gar nicht auf den
Gedanken gekommen, zu bauen. Sie wußten: Wir haben
mehr Raum nötig als unseren Wohnraum. Wir wohnen
hier nicht allein auf der Welt und in Frankfurt, Gott
wohnt unter uns. »Haus Gottes unter den Menschen«,
Antwort auf die Frage: Wo gehöre ich hin, wo kann ich
bleiben? Es ist viel wert, wenn man festen Boden unter
den Füßen hat und ein Dach überm Kopf, nicht nur
heute und morgen, sondern überhaupt.

Wenn wir uns den Dom anschauen, wird mancher denken: Der hohe Raum mit den Gewölben und dem Turm,
völlig unwirtschaftlich. Was bingt er denn? Kosten, sonst
nichts, was sich in harter Münze auszahlt. Teurer Raum
verschenkt – verschenkt für den Gottesdienst, für Gebet
und Besinnung. Hier öffnet sich ein Raum jenseits unserer Kalkulation und Nützlichkeitsberechnungen. Ein
Raum für Gott und gerade darum überaus menschen-
freundlich. Wo der Mensch gegen alles Kalkül Gott
Raum läßt, da kann er aufatmen, da kommt er zu sich
selbst. Wir können als Kirche nichts Besseres tun, als
diesen Raum freizuhalten »um der Menschen willen«. Er
ist Vorzeichen der neuen Stadt, die Gott uns bereitet und
in der er selbst unter uns wohnt.

»Am härtesten trifft es den Atheisten«, sagt Chesterton, »daß er, wenn es ihm gut geht, niemandem danken kann.« Was soll er sagen: Glück gehabt, oder im anderen Fall: Pech gehabt? Das soll alles sein? Das kann doch nicht alles sein! Wir wissen, wem wir an einem Tag wie heute danken können und wen wir bitten können. Der Dom sagt's uns. Er weist uns über uns selbst hinaus. – Um der Menschen willen bekennen wir uns zu Gott.

### Um Gottes willen: der Mensch

Und, das ist nun der zweite Satz: Um Gottes willen bekennen wir uns zu den Menschen. Er selbst weist uns diesen Weg: »Um unseres Heiles willen«, so singen wir gleich im Credo, »ist er vom Himmel gekommen.« Der heruntergekommene Gott! Er kam nicht, um uns zu vereinnahmen, sondern um sich zu verausgaben »für euch und für alle«. Darum gilt: Kirche – um der Menschen willen.

Menschen, dahinter verbergen sich viele Gesichter, lachende und weinende, hier in Frankfurt und in der weiten Welt. Eine Herausforderung dieses Wortes läßt uns der Tag heute besonders deutlich erkennen: Kirche – um der *Menschen* willen! Es geht also nicht nur um die Frankfurter oder um die Deutschen, die Italiener oder Engländer, und natürlich liegen uns die Polen und die Ungarn und die Kroaten und alle Völker im Osten am Herzen und tragen wir ihre Hoffnungen mit. Und doch gilt: Kirche auch nicht nur um der Europäer, sondern um der Menschen willen, gleich welcher Nation und Hautfarbe. Dafür sind wir da, als Weltkirche, allen alten und neuen Nationalismen zum Trotz. Das sagen wir nicht, weil uns diese oder jene politische Richtung liegt oder nicht liegt, das sagen wir um Gottes willen. Jeder Mensch trägt sein

Ebenbild, jeder: Bartholomäus, der Patron des Domes, war ein Jude, aus Palästina.

Um der Menschen willen! Bevor wir es anderen ins Gewissen rufen, ist uns das selbst ins Stammbuch geschrieben. Ein Ehrentitel der alten Kirche lautet: Ecclesia ex diversis gentibus; zu deutsch: Kirche aus den verschiedenen Völkern, oder, damit es jeder versteht: In der Kirche gibt es keine Ausländer. Können wir das von uns sagen, ohne rot zu werden? Ist das so in der katholischen Kirche in Frankfurt? 25% der Katholiken hier stammen aus anderen Nationen. Sind sie in unseren Gemeinden tatsächlich keine Fremden, keine Ausländer? Teilen wir zum Beispiel unsere Räume mit ihnen, geschwisterlich? Wird die Achtung vor der Eigenart des anderen bei uns groß geschrieben? Sind wir tatsächlich wie jetzt beim Gottesdienst *eine* Kirche aus den verschiedenen Nationen?

Kirche – um der Menschen willen. Sie ist nicht Selbstzweck. Wir dürfen doch um Gottes willen unsere besten Kräfte und Hoffnungsenergien nicht für uns selbst vertun. Die Welt ist im Aufbruch: Europa, im Westen und mehr noch im Osten, und wir sind oft so mit uns selbst beschäftigt, daß wir die Zeichen der Zeit nicht wahrnehmen. Salz der Erde, Licht der Welt! Das haben wir eben im Evangelium gehört. Das Salz gehört in die Suppe. Sind wir als Kirche am richtigen Ort, bei den Menschen hier und in der Welt? Selbst wenn uns, wie dem heiligen Bartholomäus, das Fell über die Ohren gezogen werden sollte? Wir sind nicht dazu da, unsere eigene Haut zu retten, sondern uns zu geben, mit Haut und Haaren. Das gilt, so wahr wir jetzt das Vermächtnis unseres Herrn feiern, »für euch und für alle«.

# »Die Freude an Gott ist eure Stärke...«

Schrifttext: Neh 8, 9f

Das ist ein Wort, ein Wort für diesen Tag, und über diesen Tag hinaus. Wir haben es als Gottes Wort gehört und in uns hineingesungen. Wir sollten es ganz tief in uns einlassen, damit es uns zu Herzen geht.

*Nicht zu machen*

Freude – wer möchte sich nicht von Herzen freuen? Wer möchte nicht, daß die Belastungen von ihm abfallen, das Blei aus seinen Gliedern fließt, daß sich der Krampf löst und er frei wird und seines Lebens und Glaubens froh! Wer möchte nicht, daß die düsteren Zukunftsperspektiven sich aufhellen! Aber wie denn? Was kann man da machen?

Die Freude ist nicht zu machen, noch weniger als das Wetter. Man kann sie auf Dauer auch nicht vormachen, weder anderen noch sich selbst. Das wäre dann nichts als Mache, leicht zu durchschauen, wie der Zweckoptimismus bei manchen Politikern und Kirchenmännern.

Die Freude kommt nicht auf Befehl. Sie stellt sich ein. Sie macht sich von selbst bemerkbar, sie spricht für sich. Wer sich von ihr ergreifen läßt, der strahlt – wie die Sonne, wenn sie lacht.

Da sagt ein Mensch zum anderen: Du, ich liebe dich. Das kann man nicht machen. Das kann man nicht erzwingen, nicht mit Geld und guten Worten. Das ist wie ein Geschenk des Himmels. Die beiden strahlen, sie freuen sich und feiern ein Fest. – Kein Mensch kann von sich aus lieben, so wenig er von sich aus lachen und sich freuen kann. Er zehrt von einem Plus, das nicht erst er geschaffen hat.

*Der Grund der Freude*

Hat die Freude etwas mit Gott zu tun? Allerdings: »Die Freude an Gott ist eure Stärke...« Wie soll man das verstehen? Eine tiefsinnige und zugleich humorvolle Fabel erzählt von einem Vogel. Er liegt auf dem Rücken, die Beine starr gegen den Himmel gestreckt. Ein anderer Vogel fliegt vorbei, sieht das und fragt verwundert: »Was ist denn mit dir los? Warum liegst du auf dem Rücken und streckst die Beine so starr nach oben?« Der antwortet: »Ich trage den Himmel mit meinen Füßen. Wenn ich sie zurückziehe, stürzt der Himmel ein.« In diesem Augenblick löst sich in der Nähe ein Blatt vom Baum und fällt raschelnd zu Boden. Erschrocken dreht sich der Vogel um und fliegt – so schnell er kann – davon. Der Himmel aber bleibt an seinem Ort.

Sich getragen wissen oder nicht – das ist ein himmelweiter Unterschied. Wer weiß, daß der Himmel trägt, der kann sich ihm überlassen, und er ist ganz frei in seinem Element und seines Lebens froh. Wer sich nicht getragen weiß, der bildet sich schließlich ein, er müsse die Welt und den ganzen Himmel tragen. Er überhebt sich gewaltig, und dann erschrickt er schließlich beim Rascheln eines Blattes und nimmt Reißaus. Zum Lachen, wenn's nicht zum Weinen wäre.

Es gibt die überanstrengten Weltverbesserer (auch in der Kirche), die alles machen wollen, mit verbissenen Gesichtern, ohne eine Spur von Freude. Ob sie die Welt tatsächlich ändern? Sie meinen schließlich, sie müßten die Welt retten, und vergessen dabei, daß sie längst gerettet ist. Gott hält sie in seinen Händen und uns dazu.

Und das sollte kein Grund zur Freude sein? *Der* Grund! Da liegt unsere Stärke. Nirgendwo sonst! Wir sollten uns nicht einbilden, mit allen möglichen anderen

Mitteln Stärke demonstrieren zu müssen. Vielleicht ist das gerade unsere Schwäche, daß wir uns von der Freude an Gott zu wenig erfassen lassen, daß wir gar nicht wissen, wo unsere Stärke ist.

*Trinkt Wein*

Freude an Gott, die hat ganz diesseitige Züge. Man erwartet's kaum, aber es steht hier (in der Lesung): »Haltet ein festliches Mahl und trinkt süßen Wein...« (es kann auch trockener sein).

Gott hat die Welt nicht erschaffen, damit wir uns darüber ärgern, sondern uns daran freuen. Manche können sich heute nicht genug darin tun, alles, was ist, madig zu machen und zu verteufeln. Wenn wir ihnen die Welt überlassen, dann geht sie tatsächlich »zum Teufel«.

Wir verschweigen die Kalamitäten der Welt und die Gefährdung der Umwelt nicht. Aber wir lassen uns nicht die Augen mit Problemen zustellen und den Mund nicht mit Problemen stopfen. Wenn man die Medien in den letzten Monaten verfolgt, dann könnte man meinen, es gäbe vor lauter Glykol keinen Wein mehr. Es gibt hervorragenden Wein, in unserem Bistum. »Haltet ein festliches Mahl und trinkt süßen (oder trockenen) Wein...« Wer nicht genießen kann, wird ungenießbar!

Die Freude an den Gaben der Schöpfung ist nicht zu verachten. Ein Fest, ein gelungener Abend, eine köstliche Speise, eine Umarmung – Grund genug zur Freude. Der Mann kommt abends nach Hause und steht in der Tür, mit einem Blumenstrauß. Die Frau weiß nicht, was sie sagen soll: »Das war doch nicht notwendig.« – Natürlich nicht. Aber es ist schön, es ist einfach gut. Sie strahlt und er auch, vor Freude.

*Eine schöne Kirche*

Wir feiern unser Domfest. Der Dom ist schön; herrlich, wie er da steht. Eine wahre Freude!

Der Dom ist unsere Bistumskirche, ein Symbol für die Kirche. Und nun frag' ich ganz einfach: Wenn unser Dom so schön ist, soll dann in unserer Kirche alles nur mies sein? Wenn wir hier die schönen Farben sehen, müssen wir dann im Blick auf die Kirche nur schwarz sehen? Oder haben wir ihre Schönheit noch nicht entdeckt? Vielleicht müssen wir wie bei unserem Dom noch vieles von schlechten Übermalungen befreien, das Original herausholen. Aber dieses Original ist da, es scheint durch. Wir dürfen es mit entdecken und herausholen und uns daran freuen.

Ein überraschendes Bild, das da ans Licht kommt: »Ich sah die heilige Stadt, das neue Jerusalem, von Gott her aus dem Himmel herabkommen, sie war bereit wie eine Braut, die sich für ihren Mann geschmückt hat...« (Offb 21,2). So steht's auf den letzten Seiten der Bibel. Eine Vision! Ist das die Möglichkeit?

Wir denken vielleicht: Kirche wie eine uralte Dame, verhutzelt und schrullig dazu. Aber haben wir die Kirche nicht in diesen Tagen anders erlebt: junge Kirche (in Korea, Sambia, Lateinamerika), mit liebenswerten Zügen. Haben wir nicht allen Grund, uns darüber zu freuen?

Ich übersehe die Schwachstellen in der Kirche nicht. Ich sehe, daß vieles nicht im Sinne Jesu ist. Ich wünschte mir manches anders (übrigens auch bei mir selbst als einem Glied der Kirche). Aber es ist wie beim Wein: Ich lasse mir weder durch die Glykolpfuscher noch durch die, die dauernd nur in den kirchlichen Weinpanschereien herumrühren, den Geschmack an der Kirche verderben.

750 Jahre Limburger Dom! Wenn wir 50 Jahre weitergehen oder auch 25, sind wir im dritten Jahrtausend. Wie wird der Dom dann aussehen und die Kirche?

»Stadt auf dem Berg«, »Licht für die Welt!« – Werden wir Signale setzen für den Weg der Menschheit in das neue Jahrtausend? Das ist die Frage an uns alle, nicht zuletzt an euch Jugendliche. Werdet ihr die Kirche als eine Möglichkeit entdecken, werdet ihr sie als *die* Möglichkeit wahrnehmen in eurem Leben? Sie ist voller Verheißung für die Zukunft der Welt. Wir werden dieser Verheißung um so mehr treu bleiben, je mehr wir bei unserer Sache bleiben: Die Freude an *Gott* ist unsere Stärke!

# IV

# Mut zum Dienen

## Zerbrechliche Gefäße
Schrifttexte: 2 Kor 4,6–11, Joh 6,60–69

Wenn ich an meine Priesterweihe zurückdenke, fällt mir
als erstes dieses Bild ein: Ich liege vor dem Altar ausgestreckt auf dem Boden, das Gesicht zur Erde. Alle Heiligen werden angerufen – in dieser Lage.

Manchmal, wenn ich hier stehe, habe ich dasselbe Bild
vor Augen: Damit fing's an hier in Limburg bei der Bi-
schofsweihe, sage ich mir, hier hast du gelegen, am
Boden.

*Eine Platzanweisung?*

Vielleicht wird's Ihnen, liebe Brüder, in Zukunft ähnlich
ergehen. Gleich werden Sie hier auf dem Boden liegen.
Das geht unter die Haut. Da wird die Liturgie auf einmal
sehr direkt: Erwachsene Leute liegen in ihren weißen Ge-
wändern am Boden. Was soll das? Muß ich das erklären?
Im Grunde kann jeder ablesen, was das bedeuten soll:
nicht hoch hinaus, sondern unten am Boden. Das ist die
Wahrheit über uns, die Platzanweisung. Wer sind wir
denn? Es ist allemal glaubwürdiger, daß wir unsere Zerbrechlichkeit eingestehen, als das wir Stärke demonstrieren. Nein, wir dürfen sein, wer wir sind. Sie haben's mit
dem Paulus-Wort aus der Lesung vorn auf das Faltblatt

zum Gottesdienst geschrieben. Jeder soll wissen, wen er (in unserem Fall) vor sich hat: »Diesen Schatz tragen wir in zerbrechlichen Gefäßen...« (7). Zerbrechliche Gefäße, vom Staub der Erde genommen, dem Boden nahe.

Ist das schlimm? Das ist gut so, sagt Paulus, damit ja niemand auf den Gedanken komme, wir seien diejenigen, von denen das Heil zu erwarten ist, wir würden die Sache schon schmeißen: »Wir machen das schon...« Gott bewahre uns vor den Machern in der Kirche, vor den Pastoralstrategen und -akteuren, die alles im Griff haben wollen, am Ende Gott selbst. Das muß schiefgehen, das ist ein Riesenschwindel, Vortäuschung falscher Tatsachen. Wer sind wir denn?

*Schatzträger*

»Zerbrechliche Gefäße!« Aber bei aller Zerbrechlichkeit – am Boden – Träger eines Schatzes, *des* Schatzes: Jesus Christus. Um ihn geht's. Er muß durchkommen.

Spüren Sie, das Gefäß darf gar nicht so hart und fest und undurchlässig sein wie ein Panzer. Besser, es ist dünnwandig, transparent. Der Schatz muß durchkommen. Werden Sie nicht hart, bleiben Sie zerbrechlich (auch wenn Ecken ausbrechen und Macken kommen). »So wird deutlich, daß das Übermaß der Kraft von Gott und nicht von uns kommt...« (7). So kann's geschehen, daß Menschen unseren Weg kreuzen und denken: ›Da ist doch etwas dran, da steckt mehr dahinter.‹ ›Mensch, da geht mir ein Licht auf...‹ Daß sie nicht nur sagen: ein prima Kerl! Sondern daß durch den Kerl der Schatz durchkommt.

Das wird nur dann gelingen, wenn dieser Schatz *Ihr* Schatz ist, *der* Schatz Ihres Herzens, Ihres Lebens. Wie

wenn jemand sagt: »Du, du bist mein Schatz!« Ihr Schatz
ist Jesus Christus. Sie dienen nicht nur der Sache Jesu,
sondern ihm selbst, Jesus Christus selbst. Freundschaft
mit Jesus Christus, das ist Ihre Lebensaufgabe.

Lassen Sie das Ihre größte Sorge sein, daß dieser
Schatz in Ihnen nicht verkümmert, unter frommer Routine. Nichts brauchen wir weniger als religiöse Routiniers
oder Funktionäre.

## Tiefgang des Glaubens

Wer Jesus finden will, wer sein Freund werden will, der
muß sich auf seinen Weg einlassen, in die Tiefe. Jesus ist
in die Tiefe gegangen, um auch den Ärmsten, den Aller-
letzten noch Bruder zu sein. Wenn Sie sich gleich auf den
Boden werfen, dann ist das auch ein Zeichen dafür, daß
Sie dicht bei denen sind und zu denen gehören, die am
Boden liegen, niedergeschlagen durch was und wen auch
immer. Dieser Weg in die Tiefe ist der Tiefgang des Glaubens.

In die Knie gehen, sich auf den Boden werfen – kann,
darf das Ausdruck des Lebens sein? Gibt man sich nicht
auf? Verliert man da nicht sein Rückgrat? – Nur wer ein
Rückgrat hat, kann sich so tief bücken! Und nur so wird
er glaubhaft den bezeugen, der sich wie kein anderer in
den Staub der Erde gebeugt hat. *Sein* Weg endet nicht im
Tode. Wie er auferstanden ist, so werden auch wir aufer-
stehen, uns mit ihm vom Boden erheben dürfen. »Immer
tragen wir das Todesleiden Jesu an unserem Leib, damit
auch das Leben Jesu an unserem Leib sichtbar wird«
(10).

*Wohin denn sonst?*

Mancher wird dastehen und mit dem Kopf schütteln: ›Wie kann man nur!‹ Ist das so verwunderlich? – »Daraufhin zogen sich viele Jünger zurück und wanderten nicht mehr mit ihm...« (Joh 6,66). Jesus sucht sie nicht mit allen Tricks zu halten. Er fragt ganz einfach: »Wollt auch ihr weggehen?« (6,67).

Weggehen – das ist leicht getan. Man muß sich nur dem Trend überlassen. Die Frage ist nur: Wohin sollen wir gehen? Wo sind Alternativen, Alternativen, die dem Gewicht der Frage, die hier zur Entscheidung steht, gerecht werden?

»Du hast Worte des ewigen Lebens...« (6,68).

Du – Er ist der Schatz, in Person. Was können wir Besseres tun, als ihn in unseren zerbrechlichen Gefäßen zu den Menschen zu bringen.

# Die erhobenen Hände
### Schrifttext: Exodus 17,8–15

Eine fremde Geschichte, die wir soeben hörten, weit weg – oder? Wie sind Sie nur darauf gekommen, diese alte Erzählung für den Weihegottesdienst zu wählen. Was fangen wir damit an? Kampf in der Wüste, Mose oben auf dem Berg, die Hände hoch erhoben, bis er einfach nicht mehr kann und Aaron und Hur ihm unter die Arme greifen müssen. Ein Künstler unserer Zeit (Habdank) hat das alles ins Bild gebracht, ein seltsames Bild mit den gestützten Armen, die wie entlaubte Äste in den Himmel ragen. Schauen Sie sich's an. Kein strahlendes Primizbild. Läßt es hoffen? Hände hoch – das klingt doch so, als wenn alles verloren sei. Oder? Was ist geschehen?

*Der gestützte Helfer*

Israel, das Volk Gottes ist unterwegs, mitten in der Wüste. Tagaus – tagein, jahraus – jahrein Wüste. Das Volk wird unzufrieden, es meutert: ›Mose, warum hast du uns in die Wüste geführt? Warum sind wir nicht in Ägypten geblieben? Da hatten wir es gut: volle Fleischtöpfe, satt zu essen. Hier gehen wir vor die Hunde.‹ Anfechtung von innen und von außen: der Kampf gegen gottwidrige Völker, gegen Menschen, die Israel abbringen wollen vom Weg ins Gelobte Land. Streit in Gottes Namen! Wer ja sagt zum lebendigen Gott, der muß nein sagen zu den Götzen, zum Götzendienst. Wer zusagt, muß auch widersagen können. In diesen inneren und äußeren Kämpfen: Mose. Er steht in der Mitte. Er hält seine Hände hoch – und die Hoffnung. Er wächst über sich hinaus. In ihm sammelt sich die Sehnsucht des klagenden und betenden Gottesvolkes, der angeschlagenen und gebeutelten Menschen auf dem Weg durch die Wüste ins verheißene Land. Mose steht da, stellvertretend, zwischen Gott und den Menschen. Er kämpft nicht beim Volk unten in der Ebene, er ist mit Aaron und Hur oben auf dem Berg. Er steht vor Gott für das Volk, und er steht für Gott vor dem Volk. Er steht, bis er nicht mehr stehen kann und seine Begleiter ihm einen Steinbrocken holen müssen, damit er sich darauf setzen kann. Es geht einfach nicht mehr.

Mose, der Mittler zwischen Gott und Volk, ist ganz Mensch; nicht einer, der alles schmeißt und nie müde wird, nicht der große Macher. Er läßt den Kopf hängen und die Hände sinken, die Spannkraft der Hoffnung erlahmt. Er ist am Ende. Er läßt diese Ohnmacht zu, in aller Offenheit und Öffentlichkeit. Israel merkt das sofort unten in der Ebene, daß er die Hände fallen läßt. Das bekommen alle mit. Mose hält seine Schwäche nicht geheim in scheinbarem Heroismus, er gibt sich als der, der er ist: Stellvertreter von Gottes Gnaden und im vollen Bewußtsein seiner Gebrechlichkeit. Er läßt sich unterstützen, er läßt sich unter die Arme greifen. Aaron und Hur stehen hinter ihm.

Mose gehört also nicht zu den Amtsträgern, die meinen, von ihnen allein hinge das Heil ab, sie dürften sich nicht helfen lassen: die hilflosen Helfer, die alles allein machen wollen. Man findet sie nicht selten unter den Priestern. Mose gehört nicht zu ihnen. Er läßt sich stützen, er läßt sich helfen, er gibt seine Bedürftigkeit zu. Welchen Mut das kostet, welchen Glauben an Gott und die Menschen, das weiß jeder von uns selbst. Die Würde und Grenze des Amtsträgers ist es gerade, fürsprechend sich helfen und tragen zu lassen und gerade so Helfer und Führer sein zu dürfen und zu können.

## Das Wunder der leeren Hände

Sie, liebe Weihekandidaten, haben sich diese Geschichte und dieses Bild ausgesucht für den Tag Ihrer Priesterweihe. Das kommt nicht von ungefähr, Sie finden sich wieder in der Gestalt des Mose. Damit stehen Sie im Wort und in der Verantwortung. Die Situation, in der Sie sich zu dieser Verantwortung entscheiden und zum Priester geweiht werden, muß ich Ihnen nicht schildern. Sie kennen sie: sie ist gar nicht so anders wie die Wüstenwanderung Israels. Wie verstehen Sie sich und Ihre Aufgabe, in dieser Situation? Das Wort vom Dienen und vom Dienst geht uns heute in der Kirche oft allzu schnell über die Lippen. Nach dem Konzil haben wir uns angewöhnt, nur noch davon zu sprechen: der Amtsträger als Diener, als »servus servorum«. Kein Zweifel, das ist tief in der

Schrift begründet. Aber da gibt es eben auch den Dienst
der Stellvertretung, der Vermittlung. Da kommt jemand
aus dem Volk, ganz Mensch, und er steht für Gott vor
dem Volk; und er steht für das Volk vor Gott (auf dem
Berg). Ein unersetzlicher Dienst.

Er ist nicht ohne Gefahr. Denn auf dem Berg kann
man leicht abheben. Dann stellen sich auf einmal Herr-
schaftsallüren ein, und Menschen gebärden sich wie
Herrgötter. Amt und Berufung werden unter der Hand
als Herrschaftsinstrument mißbraucht. Im Gewand des
Dienstes erscheinen der Wille zur Macht und zur Selbst-
darstellung.

Vergessen Sie darum nicht das Bild des Mose, wenn Sie
in der Eucharistiefeier und hoffentlich auch sonst die
Hände erheben. Haben wir wirklich die Kraft, die Hände
zu erheben wie Mose? Haben wir auch den Mut, die
Hände so tief sinken zu lassen, daß andere merken: Wir
schaffen's nicht mehr und sind bereit, uns helfen zu lassen? Wir dürfen die Hände ehrlich sinken lassen, damit
andere eine Stütze darunterstellen und sich selber zur
Stütze machen. Sonst überheben wir uns, sonst übernehmen wir uns, sonst entsprechen wir nicht dem Geheimnis
des Mose.

Oft ist das so: Man hat nichts mehr in der Hand, man
hat keine Erfolge vorzuzeigen, alles ist aus der Hand
geschlagen oder wie der Wüstensand zwischen den Fingern zerronnen. Und doch noch die Hände erheben? Oft
läßt man sie dann lieber sinken. Was wären wir in solchen
Situationen ohne die, die uns stützen. Nur so kann das
»Wunder unserer leeren Hände« geschehen (G. Berna-
nos, Tagebuch eines Landpfarrers). Wieviele stützen uns,
stehen hinter uns! Ich bitte Sie alle, die Sie hier versammelt sind und den Weg dieser fünf Weihekandidaten be-
gleitet haben: Stehen Sie hinter ihnen, halten Sie weiter-

hin mit Ihren Händen die leeren Hände dieser jungen Männer hoch. Denn davon hängt alles ab, daß die Hände emporgestreckt bleiben. Wenn wir das nicht mehr tun, ist alles verloren. Es kann uns nichts Schlimmeres passieren, als diese urmenschliche Gebärde des Gebetes fallen zu lassen.

*Der neue Mose*

Die Evangelien sprechen davon, daß Jesus Christus der wahre und neue Mose ist, der Führer und Anführer und Vollender des langen Weges durch die Wüste. Er ist über den alten Mose hinausgeschritten, in das innerste Geheimnis zwischen Gott und den Menschen, in jener Nacht, da er verraten wurde und doch Gott dankte, zu ihm die Hände und die Augen erhob. Auch er ließ die Hände sinken. Jesus, der wahre Priester, ist gerade auch darin Urbild des Priesters, daß er die Ohnmacht durchlitten und sich so in das Dunkel des Geheimnisses Gottes hineingegeben hat. Er ist auf die ausgestreckten Hände festgenagelt am Kreuz. Daraus wächst seine Kraft zur Führung, sein Amt des Tröstens.

Als der verwundete Arzt ist er der wirkliche Seelsorger, mitleidend und mitgehend mit uns, stellvertretend auf dem Berg wie Mose, den Kampf mitten in den Geschichten des Lebens nicht scheuend.

»Als er auf Erden lebte, hat er mit lautem Schreien und unter Tränen Gebete und Bitten vor den gebracht, der ihn aus dem Tod retten konnte, und er ist erhört und aus seiner Angst befreit worden. Obwohl er der Sohn war, hat er durch Leiden den Gehorsam gelernt; zur Vollendung gelangt, ist er für alle, die ihm gehorchen, der Urheber des ewigen Heils geworden« (Hebr 5,7–9). Er hält nunmehr nach Ostern für immer die Hände hoch und ist unsere Hoffnung. Er hält unsere Hoffnung hoch. Auf seinen Namen, auf seine ebenso mutige wie demütige Kraft zum Emporhalten der Hände werden Sie geweiht.

Gleich wird sich der Gestus der Hände für einen Augenblick ändern. Nicht ausgestreckt nach oben, die Hände kommen zusammen und werden Ihnen auf den Kopf gelegt. Die Hoffnung, die uns in Christus geschenkt ist, sammelt sich im Sakrament der Weihe, senkt sich auf Sie nieder. Das ist nicht unser Werk. Wir stehen da mit unseren leeren Händen. Christus ist es, der Sie weiht, damit Sie in seinem Namen die Hände erheben – und die Hände ausbreiten über Brot und Wein, damit Wandlung geschieht, unter uns und in uns.

## »Daher erlahmt unser Eifer nicht«
### Schrifttext: 2 Kor 4,1.5f

*Eifer oder Resignation*

»Daher erlahmt unser Eifer im Dienst nicht« (1). Ein kühnes Wort in der gegenwärtigen Situation, dieser erste Satz aus der Lesung des Weihegottesdienstes. An einem Tag wie heute ist das leicht gesagt: Priesterweihe, und morgen die Primiz, da sind viele eifrig am Werk. Da wird geschafft in Freude und Begeisterung. Da erlahmt unser Eifer nicht.

Aber wenn der Alltag uns einholt, der alltägliche Dienst in einer Pfarrei! Wie wird es in einigen Monaten aussehen, in einigen Jahren? Werden Sie dann auch noch sagen: Unser Eifer ist nicht erlahmt!? Ein Pfarrer sagte mir: »Jetzt habe ich 20 Jahre in meiner Gemeinde gearbeitet, und ich habe mich nicht geschont. Ich muß erleben, wie die Schar derer, die mitmachen, von Jahr zu Jahr kleiner wird. In den letzten 20 Jahren ist die Zahl derer, die den Gottesdienst mitfeiern, um mehr als die Hälfte zurückgegangen.« Wie wird es uns in einer solchen Situation ergehen? Werden wir die Flügel hängen lassen und resignieren? Oder werden wir auch dann noch sagen: »Unser Eifer im Dienst erlahmt nicht«?

Schon für Paulus gab es da offenkundig ein Problem. Sonst hätte er nicht davon gesprochen. Er sagt ausdrücklich: »*Daher* erlahmt unser Eifer im Dienst nicht.« Es kommt alles darauf an zu wissen, woher es denn kommt, daß der Eifer im Dienst nicht erlahmt. Das wäre für uns wirklich eine befreiende Botschaft. Was erlahmen läßt, das wissen wir. Wie kann es geschehen, daß wir in unserem Eifer nicht müde werden?

*Erleuchtete Herzen*

Das hat seinen Grund, einen entscheidenden Grund: Jesus Christus. Weil der Apostel sich ihm verbunden weiß, darum erlahmt sein Eifer nicht, trotz aller Kalamitäten und Zerreißproben. In ihm ist sein Dienst begründet, der ihm »durch Gottes Erbarmen übertragen wurde« (1).

Es ist wie am Anfang der Schöpfung. Da spricht Gott als erstes Wort in dem Tohuwabohu gegen die Finsternis: »Es werde Licht!« (Gen 3,1). Daran erinnert der Apostel: »Gott, der sprach: Aus Finsternis soll Licht aufleuchten!, er ist in unseren Herzen aufgeleuchtet, damit wir erleuchtet werden zur Erkenntnis des göttlichen Glanzes auf dem Anlitz Christi« (6).

Es ist in uns etwas geschehen wie am ersten Schöpfungsmorgen. Gott hat zu uns durch alle Finsternisse hindurch gesprochen: »Es werde Licht!« Er ist in der Taufe und in der Firmung in unseren Herzen aufgeleuchtet, und nun in der Weihe.

Wir wissen doch, wie das ist. Oft sitzen wir da in schweren Stunden und sehen schwarz, blicken nicht mehr durch. Und auf einmal geht uns ein Licht auf: »Mensch, da geht mir ein Licht auf.« Das kann man nicht machen, das kann man nicht erzwingen. Aber erfahren kann man es, wie ein Geschenk des Himmels. »Ein Lichtblick«, sagen wir. Das leuchtet uns ein, »in unseren Herzen, damit wir erleuchtet werden zur Erkenntnis des göttlichen Glanzes auf dem Antlitz Christi« (6). Licht in der Finsternis! »Daher erlahmt unser Eifer im Dienst nicht.« Wir resignieren nicht, wir feiern.

*Das Geheimnis der Ausdauer*

Eigenartig – warum feiern wir eigentlich? Fünf junge Männer beginnen mit ihrem Beruf. Und vorweg wird ein Fest gefeiert, so groß wie vielleicht kaum mehr in ihrem Leben, heute die Priesterweihe und morgen die Primiz. Wo gibt's das sonst? Ein Privileg der Kleriker? Verteilen wir Vorschußlorbeeren? Wenn jemand 25 oder 50 Jahre als Priester gewirkt hat, und wir feiern ein Jubiläum, das läßt man sich noch gefallen. Aber hier? Was haben sie denn vorzuweisen? Als Priester noch gar nichts. Sie stehen mit leeren Händen da, eher etwas unsicher, was die Zukunft wohl bringen wird. Und doch feiern wir.

Da muß auch dem letzten aufgehen: Wenn hier jemand zu feiern ist, dann nicht die Weihekandidaten. Wir feiern nicht sie, wir feiern Christus. Wir wollen nicht sie hochjubeln, sondern gemeinsam Christus preisen. Dazu sind wir hier zusammengekommen. Priesterweihe ist zuerst und zuletzt ein Bekenntnis unseres Glaubens an Jesus

Christus. Um ihn geht's im Leben des Priesters. Worum denn sonst? Was bliebe von seinem Leben übrig, wenn wir nicht von Christus reden? Nichts, was der Rede wert ist. Wir sind das, was wir durch Christus sind, nicht mehr und nicht weniger. »Wir verkünden nämlich nicht uns selbst, sondern Jesus Christus als den Herrn, uns aber als eure Knechte um Jesu willen« (5).

In den letzten Jahrzehnten hat man oft gemeint: ›Reden wir in der Kirche nicht viel zu viel von Christus? Wir sollten doch mehr vom Menschen sprechen. Dann würden die Leute kommen und zuhören.‹ Wirklich? Wie kommt es, daß die Leute wegbleiben? Vielleicht liegt's daran, daß wir zu wenig von Christus reden und zuviel von uns selbst. So interessant sind wir ja gar nicht. »Du wärest bald am Ende mit mir, wenn ich nicht eins wäre mit dem, der keine Grenzen hat« (P. Claudel, Der seidene Schuh). Sich auf Gott einzulassen, ist allemal das Spannendste im Leben.

Natürlich wissen wir seit Jesus, daß wir nicht von Gott sprechen können, ohne vom Menschen zu reden. Aber wir wissen auch seit ihm, daß wir nur dann recht vom Menschen reden, wenn wir zugleich von Gott sprechen. Nur wer Gott kennt, kennt den Menschen.

Ich vergesse nicht den eindrucksvollen Gottesdienst beim 25jährigen Bischofsjubiläum von Kardinal Volk. Zu Anfang wurden die Verdienste des Kardinals gerühmt. Leider ist das in unseren Gottesdiensten immer mehr üblich geworden, daß wir untereinander alle möglichen Freundlichkeiten austauschen. In dem besagten Gottesdienst ging der Kardinal schließlich zum Mikrofon und sagte nur einen Satz: »Und jetzt feiern wir Gottesdienst, und nichts als Gottesdienst.« Das saß. »Wir verkündigen nicht uns selbst, sondern Jesus Christus als den Herrn...« Darum geht's.

Gleich werden Sie gefragt: »Seid ihr bereit, euch mit Christus täglich enger zu verbinden?« Das ist das Geheimnis Ihres Priesterseins. Er ist die einzige Gewähr, daß unser Eifer im Dienst nicht erlahmt.

## »Wenn jeder gibt, was er hat...«
Text: Mk 6,30–44

*»Gebt ihr ihnen zu essen...«*

Wovon leben wir? Wir leben vom Brot. Essen und Trinken hält Leib und Seele zusammen. Unser Leben hängt immer auch an einem Stück Brot. Wir brauchen uns nicht zu schämen, wenn der Magen knurrt. Der hat sein Recht. Brot ist Leben.

Die Jünger wissen das. Sie wissen, daß man der Predigt Jesu über das Reich Gottes nicht endlos zuhören kann. Einmal ist Schluß, einmal ist Zeit zum Essen, sonst geht bald nichts mehr. Also: »Schick sie weg, damit sie in die umliegenden Gehöfte und Dörfer gehen und sich etwas zu essen kaufen können!« (36). Die Jünger haben ein scheinbar einleuchtendes Schema im Kopf: Predigt muß sein, dafür ist Jesus zuständig. Ums Essen sollen sich die Leute selber kümmern. Hier die Predigt und das Reich Gottes, dort das Brot und das Leben. Diese Trennung kennen wir. Jesus macht sie nicht mit. Er wirft sie über den Haufen, mit einem einzigen Satz: »Gebt ihr ihnen zu essen!« (37). Man kann nicht den Leuten predigen und sie im übrigen sich selbst überlassen. Das Heil liegt nicht nur in der Predigt. Die ganze leibhaftige Existenz des Menschen ist in den Glauben einbezogen, auch das Essen. »Gebt ihr ihnen zu essen!«

Die Verkündigung ist lebensnotwendig. »Seid ihr bereit, dem Wort Gottes im Bewußtsein eurer Verantwortung zu dienen...«, so werden Sie gleich gefragt. Das ist aber nicht alles. Die nächste Frage lautet: »Seid Ihr bereit, den Armen und Kranken beizustehen, Heimatlosen und Notleidenden zu helfen?« Mit anderen Worten: »Gebt ihr ihnen zu essen!« – Man kann nicht sagen: Hier in der Kirche, da geht's nur um die letzten Fragen nach dem *ewigen* Leben. Und bei den vorletzten Fragen des täglichen Lebens, da halten wir uns heraus, da sollen die Leute selbst sehen. Diese Trennung in zwei Bereiche, in zwei Reiche, die kann man nicht machen, mit Jesus nicht.

### Auf den richtigen Geschmack kommen

»Gebt ihr ihnen zu essen!« Wie sollen wir das denn machen? Was haben wir denn schon? »Wie viele Brote habt ihr?« – »Fünf...« Viel ist das nicht, damals nicht und heute nicht. Sie haben sich doch selbst oft genug gefragt: Was haben wir denn schon, jeder für sich und wir als Gruppe? Fünf – was ist das für so viele? Was ist das im Blick auf das ganze Bistum? Kirchliche Mangelverwaltung... Was haben wir denn? Liegt's am Haben, oder liegt's am Geben? »Wenn jeder gibt, was er hat, dann werden alle satt...«

»Der Geschmack des Brotes, das du teilst, ist unvergleichlich« (A. Saint-Exupéry). Es ist der Geschmack der Mitteilung, der Hingabe, der Liebe. Da geben wir nicht etwas, sondern uns selbst. Entscheidend ist nicht, was wir haben, sondern was wir geben. »Wenn jeder gibt, was er hat, dann werden alle satt...«

## Im brennenden Ofen

Gerade in dieser Woche habe ich es wieder gehört. Ein
Priester sagte sehr erregt: ›Ich laß mich doch nicht verheizen!‹ Sie kennen das, haben es vielleicht schon selbst gesagt. Da ist etwas dran. Niemand darf einen anderen
verheizen. Und ich darf niemanden Prinzipien oder Institutionen opfern. Aber wenn das stimmt mit dem Brot,
wenn wir selber Brot sind, dann können wir uns nicht
heraushalten. Dann können wir nicht sagen: Hier ist
meine private Person, da bin ich sozusagen Privatmann,
und da ist mein Beruf, meine Rolle, das steht auf einem
ganz anderen Blatt. So geht das nicht. Ich denke, es ist
Ihnen klar, was Sie sich mit dem Evangelium von den
Broten als Weihetext buchstäblich eingebrockt haben.
Der Preis, den wir zu zahlen haben, sind wir selbst. Da
kann sich niemand schadlos halten, wenn er sich treu
bleiben will. Und ohne daß er Feuer fängt und brennt,
wird der Backofen nicht warm, wird das Brot nicht gebacken.

»Seid Ihr bereit, Euch mit Christus täglich enger zu
verbinden und mit ihm Opfergabe zur Ehre Gottes und
zum Heil der Menschen zu werden?« – Opfergabe! Wir
finden unsere Identität als Priester nicht, wenn wir uns
heraushalten; wir finden sie nur, wenn wir den Einsatz
unseres Lebens wagen. »Wenn jeder gibt, was er hat,
dann werden alle satt...«

## Brot werden

Da ändert sich etwas, es wandelt sich, oder besser: wir
wandeln uns, werden gewandelt. Sie dürfen von nun an
die Eucharistie feiern, den Einsetzungsbericht sprechen,
das Wandlungswort. Brot und Wein werden gewandelt.

Jesus ist in diesen Gaben gegenwärtig. Das ist nicht unser Werk, das ist sein Handeln: »Darauf nahm er die fünf Brote und die zwei Fische, blickte zum Himmel auf, sprache den Lobpreis, brach die Brote und gab sie den Jüngern, damit sie sie an die Leute austeilen...« (41). Wir sind einbezogen in Jesu Handeln.

Aber wir können dieses Geheimnis der Wandlung nur dann recht vollziehen, wenn wir uns selbst wandeln lassen, selbst Brot werden. So heißt es gleich bei der Überreichung der Gaben: »Bedenke, was du tust, ahme nach, was du vollziehst, und stelle dein Leben unter das Geheimnis des Kreuzes.« Im Geheimnis des Kreuzes vollzieht sich die Wandlung. Jesus hat nicht etwas, er hat sich selbst gegeben für das Leben der Welt. So ist er zum Brot geworden, von dem wir leben. »Das Brot, das ich euch geben werde, ist mein Fleisch für das Leben der Welt« (Joh 6,51). Gebe Gott, daß uns der Geschmack an diesem Brot nicht verloren geht.

# Gott ruft in der Nacht
### Schrifttext: 1 Sam 3

*Seltenes Wort*

Geht's uns anders? Ich kann gut nachempfinden, was die Samuel-Geschichte erzählt: »In jenen Tagen waren Worte des Herrn selten; Visionen waren nicht häufig« (1). Daß das Wort des Herrn einen Menschen trifft und vom Stuhl reißt, haben Sie's schon erlebt? Von Visionen ganz zu schweigen. Wer weiß schon, wie der Weg der Kirche in den nächsten Jahrzehnten aussehen wird und soll. Die Ratlosigkeit ist nicht gering.

Eli, der Priester am Heiligtum in Schilo, tut seinen

Dienst wie eh und je. Aber »seine Augen waren schwach
geworden, und er konnte nicht mehr sehen« (2). Er blickt
nicht mehr durch in den ganzen Machenschaften um ihn
herum.

Da ist es nur ein schwacher Trost zu hören: »Die
Lampe Gottes war noch nicht erloschen« (3). Sicher, der
Betrieb läuft, die Geräte funktionieren, noch ist das Licht
an. Aber wie lange noch? Man hört schon durch: Der
letzte macht das Licht aus. Es sieht finster aus. Was ist
nur los in Israel, in der Kirche?

»Worte des Herrn waren selten...« Gott hüllt sich in
Schweigen. Hat er sich gar verabschiedet? Es läuft noch
alles weiter wie bisher, aber mitten in dem intakten Betrieb klafft ein großes Vakuum. – Jeder sieht, daß die
Kirchen leerer werden, daß da ein Vakuum entstanden
ist, sonntags etwa in den Kirchenbänken. Die Samuel-
Erzählung spricht von einem viel bedrohlicheren Vakuum: »Worte des Herrn waren selten.«

Können wir uns denken, daß Gott sich uns entzieht?
Wie kommt das nur? Liegt's an uns? Sind wir zu abge-
stumpft wie die Söhne Elis? Haben wir kein Ohr mehr für
Gottes Wort? Wir gehen wie selbstverständlich davon
aus, daß Gott uns immer zur Verfügung steht, auf Abruf
sozusagen. Ist das so? Soviel ist sicher: Wir können ihn
nicht herbeizaubern, wir können ihn nicht herbeireden.
Er ist kein redender Automat, und Berufungen kommen
nicht vom Fließband, Visionen nicht per Television. Er
spricht, wann und wie er will, nicht unbedingt, wie wir
wollen. Kein Mensch kann Gott in seinen Dienst stellen.
Es ist umgekehrt: Gott stellt uns in seinen Dienst. Gott
bewahre uns vor den selbsternannten Propheten, vor
denen, die immerfort das Wort »prophetisch« im Munde
führen. Es gibt nur einen, der Propheten wie Samuel
beruft: Gott selbst.

*Das Wort will leuchten*

»Samuel schlief im Tempel des Herrn, wo die Lade Gottes stand« (3), am Ort der Offenbarung. Gottes Wort, lange entbehrt, ergeht mitten in der Nacht. Es ist nicht leicht, durch die Dunkelheit hindurchzudringen. Da kann einem das Hören und Sagen vergehen. Wer einmal nichts mehr zu sagen wußte, wem die Worten fehlten, der ahnt vielleicht, was das heißt, wenn einem das Wort neu geschenkt wird. Das ist wie eine Erlösung.

»Kam, Kam.
Kam ein Wort, kam,
kam durch die Nacht,
wollt' leuchten, wollt' leuchten...«

Wie in diesem Gedicht von Paul Celan hat es das Wort in der Samuel-Geschichte nicht leicht, durchzukommen. Dreimal muß Gott ansetzen: »Kam, kam, kam ein Wort...« Es kommt durch die Nacht hindurch. Es ist, als hätten die Leute am Tempel verlernt, mit Gottes Anruf und Eingreifen überhaupt noch zu rechnen. Es läuft ja alles. Samuel kennt den Kult wie ein junger Ministrant, aber Jahwe kennt er nicht: »Samuel kannte den Herrrn noch nicht, und das Wort des Herrn war ihm noch nicht offenbart worden« (7). Und Eli hat sich so an das Schweigen Gottes gewöhnt, daß er die Stimme, die Samuel ruft, erst beim dritten Mal als die Stimme Jahwes erkennt (8).

»In jenen Tagen waren Worte des Herrn selten...« Wenn in einer solchen Zeit ein Wort durchkommt, das leuchten kann in der Nacht, das läßt hoffen. Und das Wort Gottes kommt durch. Samuel hört es im Schlaf, in der Tiefe seines Wesens. Er ist ganz Ohr. Es gibt Lebensstunden, da verdichtet sich der Anruf Gottes. Da steht

95

sozusagen alles auf dem Spiel. Gott sagt nicht nur etwas, sondern sich selbst; und er ruft nicht etwas ab beim Menschen, eine bestimmte Funktion oder Fertigkeit, er ruft ihn selbst. Er ruft ihn beim Namen: »Samuel, Samuel« (6.10). Das erste, ursprünglichste Wort, das Gott zu uns spricht, sind wir selbst. Und die Antwort auf dieses Wort können wir nur mit uns selbst geben. Dieses Wort Gottes ist kein Diskussionsbeitrag, kein Ausgangspunkt für nachfolgende Verhandlungen, es fordert uns ein. Die Antwort: »Rede, denn dein Diener hört« (10). Oder: »Ich bin bereit!« Das ist ein Wort. Da bin ich selbst drin, noch bevor ich weiß, was alles im einzelnen auf mich zukommt und welche Aufgaben mir zugemutet werden.

### Tradition und Charisma

Gott und Samuel, Ruf und Antwort. Ein Dritter ist ganz wichtig in dieser Erzählung, der alte Eli. Er ist eigentlich kein Ruhmesblatt in der Geschichte Gottes mit dem Menschen. Aber immerhin, er läßt sich auf den jungen Samuel ein. Er hätte ihn ja auch anfahren können: ›Du dummer Junge, was quatschst du die ganze Nacht herum! Laß mich gefälligst schlafen!‹ – so reagiert er nicht.

Er gibt sich auch nicht selbst als den Rufer aus. Zweimal sagt er klar und deutlich: »Ich habe dich nicht gerufen« (5.6). Und er weiß schließlich den Ruf richtig zu deuten: »Da merkte Eli, daß der Herr den Knaben gerufen hatte« (8). Er kennt die Tradition früherer Berufungen und weiht Samuel darin ein, er lehrt ihn, die Geister zu unterscheiden. Ohne die Vertikale der Tradition werden die Charismen in der Horizontalen des Gottesvolkes nicht wirksam.

Woran mangelt es uns heute? Fehlen uns die Samuels

oder auch die Elis? Sind wir hellhörig für die Unruhe, die sich in den jungen Leuten regt? Haben wir ein offenes Ohr für sie? Wer in anderen Hörbereitschaft wecken will, muß sich fragen, wie's bei ihm damit steht. Haben wir verlernt, mit Gottes Anruf überhaupt zu rechnen? Wir rechnen schließlich mit allem, nur damit nicht.

*Selig, wer schläft*

Da ist noch ein Wort in der Erzählung, das wir nicht überhören sollten: »Samuel blieb bis zum Morgen liegen, dann öffnete er die Türen zum Haus des Herrn« (15).

Kaum zu fassen: Gott hat den jungen Samuel gerufen. Und die Botschaft, die er auszurichten hat, ist nicht von Pappe. Es kommt einiges auf ihn zu: Er soll das Gericht ankündigen. Er soll nicht nur sagen: Macht nur so weiter, es ist ja alles okay. Nein, er soll sagen: So kann's nicht weitergehen. – Mit dieser Botschaft wird er sich keine Freunde machen. Er wird anstoßen. Das könnte ihm schon schlaflose Nächte bereiten.

Und Samuel bleibt liegen bis zum Morgen... Ein tröstliches Wort! Vielleicht kennen Sie das Geheimnis der Hoffnung von Charles Péguy:

»Leute, welche nicht schlafen,
mag ich nicht leiden, sagt Gott.
Der Schlaf ist des Menschen Freund.
Der Schlaf ist Gottes Freund...
Wer nicht schlafen kann,
bricht der Hoffnung die Treue...
Selig, wer überläßt. Das heißt: Selig, wer hofft.
Und wer schläft.«

Wir hoffen nicht auf uns selbst, und darum brauchen wir nicht ans Werk zu gehen wie jene, die keine andere Hoffnung haben als sich selbst. Gott trägt uns. Sein Ruf will uns nicht schlaflos machen. Im Gegenteil:

»Es ist umsonst, daß ihr früh aufsteht
und euch spät erst niedersetzt.
denn der Herr gibt es den Seinen im Schlaf« (Ps 127,2).

# Das Wort ist dir nahe
### Schrifttext: Röm 10,8–15

Fragen über Fragen, und das in der Heiligen Schrift. Dort erwarten wir Antworten. Stattdessen gibt sie uns Fragen auf, sie stellt uns in Frage. »Wie sollen sie nun den anrufen, an den sie nicht glauben? Wie sollen sie an den glauben, von dem sie nichts gehört haben? Wie sollen sie hören, wenn niemand verkündigt? Wie soll aber jemand verkündigen, wenn er nicht gesandt ist?« (14f).

*Eine Traditionskette*

Eine ganze Kette von Fragen. Wir spüren, alles gehört zusammen: den Herrn anrufen, glauben, hören, verkündigen, senden. Alles greift ineinander wie die Glieder einer Kette. Eine Traditionskette. Der Glaube fängt nicht beim Nullpunkt an. Er ist nicht einfach aus der Luft gegriffen.Er hat seinen Ursprung nicht in uns; er kommt nicht aus uns, er kommt zu uns. Er ist nicht unser Einfall. Er kommt durch Gottes Wort auf uns zu. Nicht ohne die Vermittlung von Menschen. Die spielen in dieser Kette von Glaube, Hören, Verkündigung und Sendung eine wichtige Rolle.

Tradition – ich mache mir das immer neu klar an diesem Kreuz, das ich trage. Einfaches Holz, über Jahrhunderte auf dem Hof gewachsen, auf dem ich geboren bin. Eichen wachsen nicht schnell, das geht über Generationen. Man hat den Baum geschlagen und einen Türpfosten daraus gemacht, am Kuhstall bei uns zu Hause, nicht weit von der Krippe, dort, wo sich das Leben auf dem Bauernhof abspielt. Dort vollzieht sich Tradition: im Alltag des Lebens. Das Kreuz erinnert mich an jenes Kreuz, das mir meine Mutter Mal um Mal auf die Stirn zeichnete, beim Abschied etwa. Sie tat es so, wie nur sie es tun konnte.

Eine Kette von Gebet, Glaube, Hören, Verkündigen und Sendung. Ein Glied greift ins andere. Das Wort, das Gott uns sagt und von dem er will, daß es gehört wird, kommt nicht ohne uns zu Gehör.

## Jesus? Nie gehört!

»Wie sollen sie an den glauben, von dem sie nichts gehört haben?« (14). Gibt es das überhaupt, Leute, die nichts von Jesus gehört haben? Ich bin in diesen Wochen und Monaten in Frankfurt zum Pastoralbesuch. Immer wieder höre ich im Gespräch mit Erzieherinnen, mit Katecheten und Religionslehrern: Da wachsen Kinder, junge Menschen heran, die kaum noch etwas von Jesus wissen. Mag sein, daß sie ihre Ohren auf Durchzug stellen. Mag sein, daß das Wort irgendwie akustisch schon einmal an sie herangekommen ist. Aber es kommt nicht durch. Ein Religionslehrer sagte mir: »Vor fünfzehn Jahren hieß das noch: Jesus ja, Kirche nein! Heute heißt es: Kirche nein, Jesus nein!« Das ist die Konsequenz. Wenn die Tradition, die die Kirche verbürgt, verneint wird, dann kommt schließlich auch Jesus nicht mehr vor. Dann bricht das Hören ab. Wir dürfen uns da gar nichts vormachen. Sie, die angehenden Diakone, Sie gehen nicht mit

Scheuklappen durch die Welt, auch nicht durch die Kirche. Wird Deutschland ein Missionsland? »Wie sollen sie an den glauben, von dem sie nichts gehört haben?«

Woran liegt's? Liegt es an denen, die nichts hören oder nicht hören wollen? Liegt's an uns, die wir verkündigen? Es hat keinen Zweck, Schuld zuzuweisen. Wichtiger ist es, die Realitäten wahrzunehmen und von dort aus weiterzufragen.

## Leben gefragt

»Wie sollen sie hören, wenn niemand verkündigt?« (14). Das ist einleuchtend. Verkündigen wir nicht mit allen Mitteln? Der Papst ist vier, fünf Tage in Deutschland gewesen. Seine Predigten gingen über alle Kanäle. Wie viele Menschen sind da erreicht worden? Das Wort Gottes kommt doch zu Gehör. Wir alle, die wir im Dienst der Verkündigung stehen, tun unser Mögliches. Liegt's an uns, daß das Wort nicht überkommt?

Paulus betont in dem kurzen Text dreimal: »Wer mit dem Herzen glaubt und mit dem Mund bekennt...« Das ist ihm offensichtlich sehr wichtig. Das Wort ist nicht eine papierne Sache, es möchte uns ans Herz gehen, ins Herz treffen, zum Herzensanliegen werden. Es möchte nicht nur in den Kopf. Wir denken zu oft, der Glaube sei vorwiegend eine Sache des Kopfes. Dann studieren wir noch und noch. Das ist wichtig, klar. Aber wenn das Wort Gottes nicht ins Herz kommt, dann kann der Mund auch nicht überfließen. Es will uns buchstäblich unter die Haut gehen, ins Herz.

Das ist die Brücke zum anderen. Das Wort will sich nicht im Herzen verkriechen, einkuscheln. Es will weitergehen, die anderen erreichen. Paulus sagt in einem Atemzug: »Wer mit dem Herzen glaubt und mit dem Mund bekennt...« Das Wort will heraus zu den anderen. Aber mit dem Blut unseres Herzens! Dann kommen die Leute und fragen:« Wie ist das eigentlich mit dir und deinem Glauben?« Dann müssen wir nicht noch und noch auf sie einreden, dann werden sie aufmerksam, weil sie uns sehen und erleben. »Lebe so, daß du gefragt wirst«, las ich vor einigen Tagen. Das ist es. So gewinnt unsere Verkündigung Hand und Fuß.

»Wie sollen sie hören, wenn niemand verkündigt?« Verkündigen durch unser Leben. Wenn Sie gleich die Texte zur Weihe hören, werden Sie immer wieder darauf gestoßen. Das Leben ist gefragt, in der Verkündigung. »Was du verkündest, erfülle im Leben.«

*Als Hörender reden*

»Wie soll aber jemand verkündigen, wenn er nicht gesandt ist?« (15). Sendung, missio, so steht's hier. Eine eigene Sendung? Ja, sie ist mit dieser Weihe verbunden, eine ausdrückliche, sozusagen amtliche Sendung. Sind wir denn nicht alle zur Verkündigung gesandt, auch die Laien? In der Tat, jeder ist durch Taufe und Firmung gesandt. Gleichwohl gibt es das eigene Amt der Verkündigung. Es ist uns vorgegeben und will uns deutlich machen, daß das Wort, um das es geht, nicht aus uns kommt, sondern von Gott her zu uns. Wir können es uns nicht selber sagen. Wir dürfen es uns gesagt sein lassen. Darum gibt es in der einen Kirche das Gegenüber von Amt und Gemeinde

So kommt Gottes Wort jetzt in der Weihe auf Sie zu, nicht aus uns. Nicht wir als Kirche machen es. Was haben wir denn schon? Es sind leere Hände, die Ihnen gleich auf den Kopf gelegt werden. Es ist nicht unser Wort. Das möchte das Amt der Verkündigung zum Ausdruck bringen, hoffentlich auch in der Praxis unseres Lebens. Gottes Wort ist uns anvertraut, wie ein Geschenk. Wir dürfen es weitergeben. Damit ist das Hören für uns nicht erledigt, ganz und gar nicht. Als Diakone, Priester und Bischöfe haben wir das Hören nie hinter uns. Nur als Hörende können wir reden, als Menschen, denen das Wort hoffentlich zu Herzen gegangen ist und die nun ihren Mund auftun.

Das Evangelienbuch wird Ihnen gleich in die Hände gelegt. Nehmen Sie das Evangelium in Ihr Herz. Lassen Sie es sich täglich nahekommen und zu Herzen gehen. Vom Propheten Jeremia wird gesagt, daß er die Schriftrolle gegessen habe. Er hat sie sich ganz zu eigen gemacht, sich einverleibt. Bemühen Sie sich darum, daß das Wort immer weniger Papier bleibt, und immer mehr in Ihr Leben eingeht. Wenn es aus dem Herzen kommt, kann es zu Herzen gehen.

# In die Hand versprechen

Das ist gleich ein wichtiger Augenblick in der Weihe, für Sie und für mich, für uns alle: Sie treten nach vorn, und ich frage Sie: »Versprichst du mir und meinen Nachfolgern Ehrfurcht und Gehorsam?« Sie antworten kurz und bündig: »Ich verspreche es.« Ohne Wenn und Aber.

## Riskante Handlung

Kann ich dieses Versprechen überhaupt von Ihnen einfordern? Dürfen Sie es mir geben? Gehorsam – was fällt Ihnen ein, wenn Sie dieses Wort hören? Sie denken vielleicht: Abhängigkeit, Fremdbestimmung, Einengung,

Manipulation. Demgegenüber geht's uns doch um Freiheit, um Mündigkeit und Selbstverwirklichung, um Emanzipation. Kann man heute noch Gehorsam verlangen?

Die Sache spitzt sich zu, wenn wir nicht nur hören, was in der Weiheliturgie gesagt wird, sondern sehen, was geschieht: Sie falten Ihre Hände und legen sie in meine Hände. Jeder spürt, was das heißt. Das Versprechen wird handgreiflich, faßbar.

Mit der Hand geben sie ja nicht nur irgendetwas in meine Hände. Hand – das sind Sie selbst. Schon der Fingerabdruck bürgt für die Identität. Mit der Übergabe der Hände sagen Sie: »Ich lege mein Schicksal in deine Hände, ich vertraue mich dir an.«

Die Frage stellt sich verschärft: Dürfen Sie das tun? Darf ich das entgegennehmen? Das ist eine riskante Sache. Was dabei auf dem Spiel steht, sieht jeder. Ihre Hände in meinen Händen. Was mache ich damit? Ich kann denken: ›So, jetzt habe ich dich in der Hand. Jetzt bist du gefangen. Jetzt kann ich mit dir machen, was ich will.‹

Das ist eine große Versuchung. Jeder kennt sie, denn irgendwie sitzt sie in jedem Händedruck. Wenn zwei Freunde sich die Hand geben, oder wenn zwei sich die Hand reichen zum Bund fürs Leben, und einer denkt: »Jetzt habe ich dich, jetzt bist du verkauft, jetzt habe ich dich in der Tasche...« – das ist Verrat am Versprechen. Das Versprechen wird von Grund auf verkehrt, wenn ich den anderen einfach als mein Eigentum betrachte, wenn ich sein freies Versprechen, mir zu gehören, in ein Verfügungsrecht verkehre, wenn ich den Gehorsam, den er mir nur in Freiheit schenken kann, wie eine platte Gegebenheit verrechne. Das darf nicht sein. Was also machen wir hier?

*Gottes Hand*

Vor Ihnen liegt ein Blatt mit einem Bild, die Weihekandidaten haben es ausgewählt. Eine große Hand, nicht eine
geballte Faust, die dreinschlägt, sondern eine offene
Hand. Darauf steht der Mensch, frei und aufrecht, nach
oben gewandt, in die Freiheit erhoben. Er kann sich loslassen, er ist gelöst. Denn er weiß sich getragen.

Stellen Sie sich einen Augenblick vor, die Hand sei
weg. Der Mensch hinge in der Luft zwischen Himmel
und Erde. Er würde in den Abgrund stürzen. Wer soll ihn
halten? Soll er sich selbst tragen? Damit ist er gänzlich
überfordert. Das schafft er nicht. Die Freiheit des Menschen braucht ein festes Fundament, eine starke Hand,
die ihn trägt und ihm Halt gibt. Sonst ist der Absturz
gewiß.

»Hand Gottes«, heißt diese Plastik von Carl Milles, in
Stockholm ist sie zu sehen. Die Hand Gottes ist der Ga-
rant menschlicher Freiheit. Wir sind getragen, darum
müssen wir uns nicht selber tragen. Darum dürfen wir
uns loslassen, ganz gelöst. »Ich habe dich in meine Hand
geschrieben«, spricht Gott.


*Freiheit zum Handeln*

Nun blicken wir noch einmal auf die Weihehandlung: Sie
legen Ihre Hände in meine, nicht, damit ich Sie in der
Hand habe und für mich behalte. Das kann und darf ich
nicht tun. Ich kenne meine Hände, meine leeren Hände.
Ich sehe, was sie tragen können und was nicht, was sie
ausrichten und was sie anrichten. Davon ist das Heil
nicht zu erwarten. Aber sie können zum Zeichen werden:
Sie legen Ihre Hände in Gottes Hand, in seine gute Hand.
»In deine Hände, Herr, lege ich mein Leben.« Dort ist die
Freiheit nicht verkauft, sondern gewonnen.

Gott umschließt Ihre Hände, nicht um sie festzuhalten, auch nicht, damit sie Ihre Hände in den Schoß legen, sondern damit Sie sie öffnen. Wenn Sie sich ihm überlassen und sich von ihm getragen wissen, dann können Sie sich gelassen den anderen Menschen zuwenden, auch und gerade den letzten Menschen: »Seid ihr bereit, den Armen und Kranken beizustehen, Heimatlosen und Notleidenden zu helfen?«, werden Sie gleich gefragt. Da geht's um die Freiheit zum Diakon. Da geht's um das Wagnis einer Freiheit, die über sich selbst hinausgeht und, da sie sich von Gott gehalten weiß, den Einsatz des eigenen Lebens wagt. Da sind wir gemeinsam in die Pflicht genommen.

*Für das Bistum*

Wenn das klar ist, daß es zuerst und zuletzt um *diesen* Gehorsam und um die Freiheit geht, in die Gott uns ruft, dann kann auch das andere gesagt werden, in Gottes Namen: Sie legen Ihre Hände auch in meine Hände, in meine leeren Hände. Das fordert nicht nur Sie heraus, sondern auch mich. Das läßt uns gemeinsam an unser Bistum denken. Wir, weder Sie noch ich, dürfen mit dem Gehorsamsversprechen eigene Interessen verfolgen, in die eigene Tasche wirtschaften. Wir sind für das Bistum da. Wir haben eigene Interessen zurückzustellen um des größeren Ganzen willen. Das wollen wir uns gegenseitig in die Hand versprechen, um der Freiheit willen, die der Gehorsam des Glaubens schenkt.

# Es geht ums Ganze
### Schrifttext: Kol 3,12–17

»Alles« – so steht's da groß auf der Einladung vorn als
erstes Wort; in der Lesung ist es uns eben verkündet
worden, und der Chor hat es aufgegriffen und konnte
sich gar nicht genug darin tun: »Alles, was ihr tut... das
tut alles, alles, alles...« Es geht um alles, nicht nur um
das eine oder andere, nicht nur um diese Stunde und den
festlichen Tag, sondern um alles, um unser ganzes Leben.
Alles steht auf dem Spiel.

*Alles oder nichts?*

Alles – vielleicht denken Sie »alles oder nichts«. Ist das
nicht zu gewaltig oder gar gewalttätig, so total? Ist das
eine Schwarz-Weiß-Malerei, die für die bunten Farben
keinen Raum läßt? Wir sind gewohnt, zu differenzieren.
Wir gehen ins Detail, nehmen Einzelheiten wahr und
haben gelernt zu unterscheiden. Aber bei allem Wissen
im Detail weiß am Ende kaum noch jemand, was das
*Ganze* soll. Was hat das *alles* für einen Sinn...?
  Es gibt Situationen, da sammeln sich die unterschiedlichen Lebenslinien und Erfahrungen wie in einem
Brennpunkt: Du bist mein ein und *alles*. Da geht es nicht
mehr um dieses oder jenes Detail, sondern ums Ganze,
nicht um etwas von mir, sondern um mich, ums ganze
Leben: die Lebensentscheidung! Das ist hier die Situation der Weihe.

*Der innerste Punkt*

»Alles, was ihr in Worten und Werken tut, geschehe im
Namen Jesu, des Herrn...« – Mit anderen Worten:

›Jesus, du bist mein ein und alles.‹ Damit ist das Ganze auf den Punkt gebracht, auf den Bezugspunkt Jesus Christus. Mit ihm steht und fällt unser Dienst, unser Beruf. Wir sind das, was wir von ihm her sind, nicht mehr und nicht weniger. Was bliebe denn auch vom Leben eines Diakons übrig, wenn Christus fehlt. Nichts, was der Rede wert ist. Ein Diakon ohne Christus, das ist eine ganz und gar jämmerliche Figur, eine verfehlte Existenz.

Alles – im *Namen* Jesu, nicht nur im Sinne der Sache Jesu, sondern ausdrücklich in seinem Namen und »durch ihn dankt Gott, dem Vater!« (Kol 3,17). Also: Jesus Christus, *du* bist mein und alles. Können Sie das sagen? Ich wünsche es Ihnen, ich wünsche es uns, der Kirche. Ich wünsche Ihnen und uns, daß Sie es immer mehr sagen können. Suchen Sie die Freundschaft mit ihm. Lassen Sie das Ihre größte Sorge sein, daß die in Ihnen nicht verkümmert, unter alltäglichen Zwängen oder frommer Routine. Nichts brauchen wir weniger als religiöse Routiniers oder Funktionäre.

Von Rabbi Jizchak Meir ist diese Weisheit überliefert: »Wenn einer Vorsteher wird, müssen alle nötigen Dinge da sein, ein Lehrhaus und Zimmer und Tische und Stühle, und einer wird Verwalter, und einer wird Diener und so fort. Und dann kommt der böse Widersacher und reißt den innersten Punkt heraus, aber alles andere bleibt wie zuvor, und das Rad dreht sich weiter, nur der innerste Punkt fehlt.« Der Rabbi hob die Stimme: »Aber Gott helfe uns, man darf's nicht geschehen lassen!«

Auf den »innersten Punkt« kommt es an, auf die Mitte, in der die Speichen zusammenkommen und zusammengehalten werden, in der die Last, die das Rad zu bewegen hat, sich bündelt. Unser Problem ist nicht so sehr dies, den »Betrieb an sich« auf Touren zu halten, sondern darüber zu wachen, daß der »innerste Punkt«

nicht abhanden kommt. Das ist Jesus Christus. Ohne ihn ist die Last nicht auszuhalten; das Rad wird auseinanderfallen, und die Katastrophe wird um so größer, je schneller es rotiert.

Der innerste Punkt ist durch nichts zu ersetzen. Er allein rechtfertigt unsere Existenz. Eine Speiche kann notfalls fehlen im Rad, der »innerste Punkt« nicht. »Seid Ihr bereit, Euch dem Geist Gottes im Innern zu öffnen, Männer des Gebetes zu werden...?« (Weiheliturgie).

## Mit Hand und Fuß

Also: Rückzug in eine private Innerlichkeit? Wer die propagiert, kennt Jesus nicht. Der Jesus, den Ihr Leitwort verkündet, und der Kolosserbrief, in dem es steht, ist von anderer Art: »Durch ihn ist alles geschaffen«, das All hat in ihm Bestand (vgl. Kol 1,16f). Gott geht es im Namen Jesu Christi um das All, den ganzen Kosmos, um die Welt, und wir dürfen sie nicht zum Teufel gehen lassen.

Und es geht ihm um alle. Wo Christus regiert, da »gibt es nicht mehr Griechen oder Juden, Beschnittene oder Unbeschnittene, Fremde, Skythen, Sklaven oder Freie, sondern Christus ist alles und in allen« (3,11). In *allen,* auch und gerade in den letzten. Ihnen, liebe Weihekandidaten, ist es wichtig, daß die hier zur Sprache kommen, daß gesagt wird, was Jesus sagt: »Selig, ihr Armen, denn euch gehört das Reich Gottes« (Lk 6,20). Es liegt an Ihnen, daß dieses Wort in Ihrem Leben als *Diakon* nicht ein Wort bleibt, sondern Hand und Fuß bekommt: »Alles, was ihr in Worten und *Werken* tut... Seid ihr bereit, den Armen und Kranken beizustehen, Heimatlosen und Notleidenden zu helfen?« – Da ist der Diakon gefragt! Wir (Diakone, Priester, Bischöfe) können uns manches leisten, und wir leisten uns einiges; eins dürfen wir uns um der Nachfolge Jesu willen nicht leisten: von den Armen und Notleidenden verachtet zu werden. Sie nämlich sind die Privilegierten bei Jesus, sie müßten es auch bei uns sein. Wir werden schließlich unsere intellektuellen Bezweifler eher überstehen als die sprachlosen Zweifel der Armen und ihre Erinnerungen an unser Versagen.

### Gottesdienst im Alltag der Welt

Nein: Was uns im Innersten zusammenhält und die Welt, das darf man nicht auseinanderreißen, das gehört um Gottes willen zusammen. Gottesdienst im Alltag der Welt. Ein Gottesdienst, der Mensch und Welt nicht nur zur Sprache, sondern auch zum Singen bringt. »Singt Gott in eurem Herzen Psalmen, Hymnen und Lieder, wie sie der Geist eingibt« (Kol 3,16). Singen kann nur, wer eine Melodie in sich hört und klingen läßt. Sie singen gern. Im Seminar hat man's gemerkt. »Singen kann Kreise ziehen...« Mancher hier denkt vielleicht: »Denen wird das Singen schon noch vergehen.« Um Gottes willen nicht. Zu viele in der Kirche jammern und klagen und machen ein mieses Gesicht. Wer sich selbst nicht riechen kann, stinkt auch anderen.

Als ob wir nichts mehr zu lachen hätten! Als ob die Welt nicht mehr zu retten wäre! Sie ist gerettet! Und wir dazu! »Ihr seid von Gott geliebt... Ihr seid in Gottes Gnade« (Kol 3,12.16). Darum haben wir allen Grund zu lachen und zu singen.

# V
# Freiheit

## Das Risiko der Freiheit
Sechs Rundfunkansprachen aus dem Jahre 1987

*Emanzipation*

Freiheit – das Wort bewegt uns wie kaum ein anderes. Es prägt unsere Lebensgeschichte von Anfang an. Schon die kleinen Kinder mühen sich nach Kräften, auf die eigenen Beine zu kommen, hoffnungsvoll und riskant zugleich, ihren Freiheits-Spiel-Raum zu erkunden. Junge Menschen sind auf die große Freiheit aus. Sie »nehmen sich die Freiheit«, wollen in Sturm und Drang die vorgegebenen Bindungen durchbrechen. Sie fordern die Freiheit der Eltern heraus: ihren Mut, die Kinder freizugeben und Vertrauen in sie zu setzen. Wieder anders stellt sich die Freiheit den älteren Menschen: Sie mutet ihnen zu, sich loszulassen, wenn die Kräfte abnehmen und der Tod anklopft.

Freiheit – dieses Wort bewegt unsere Lebensgeschichte und die Menschheitsgeschichte. Wir können unsere persönliche Freiheit nicht abgesondert von der neuzeitlichen Entwicklung unserer Gesellschaft bedenken. Wenn wir von unseren demokratischen Freiheitsrechten Gebrauch machen, dann nehmen wir wie selbstverständlich in Anspruch, was in Jahrhunderten vor uns erstritten und erarbeitet worden ist. Zudem haben wissenschaftliche For-

110

schung und Entdeckerkraft zusammen mit den Möglichkeiten technischer Entwicklung unseren Freiheitsraum in vielerlei Hinsicht geweitet. In diesem Wagnis der Freiheit sind allerdings auch ungeahnte Ängste und Gefahren aufgebrochen. Die dürfen wir nicht überspielen, wenn wir uns und den Menschen nach uns die Freiheit erhalten wollen.

Keine Frage: Freiheit ist ein Leitwort unseres Lebens. Es hat unter uns einen guten Klang. Jeder nimmt es für sich in Anspruch. Es geht uns oft sehr schnell über die Lippen, zu schnell – oder?

> »Freiheit Wort
> Das ich aufrauhen will
> ich will Dich mit Glassplittern spicken
> daß man Dich schwer auf die Zunge nimmt
> und Du niemandes Ball bist.«
> (Hilde Domin)

Freiheit, das Wort darf nicht zum Spielball werden. Dann sagt es am Ende nichts mehr, wird nichtssagend und leer, vor den eigenen Karren gespannt, wie es einem gerade paßt.

Wissen wir, was wir meinen, wenn wir »Freiheit« sagen? Man kann mit dem Wort Etikettenschwindel treiben. Dann sagt man Freiheit und meint im Klartext Willkür oder Eigennutz. Freiheit und Freiheit ist nicht dasselbe. Um so wichtiger, daß Christen wissen, was sie meinen, wenn sie ›Freiheit‹ sagen. Die Bibel spricht nicht von einer Allerwelts-Freiheit, sondern von einer ganz bestimmten Freiheit, von der herrlichen Freiheit der Söhne und Töchter Gottes. Christen sind zur Freiheit berufen, nicht trotz ihres Glaubens, sondern aufgrund ihres Glaubens. Gott bürgt für Freiheit.

Die Geschichte unserer Freiheit beginnt in Gott. Was

wir sind, woraus wir geworden sind und was aus uns
werden wird, versteht sich nicht von selbst. Es ist ganz
und gar nicht selbstverständlich, es hat seinen Grund – in
Gott. Man kann letztlich nicht von Freiheit reden, ohne
von Gott zu sprechen. Ihm verdanken wir uns. Wir sind
aus seiner Freiheit geboren. Wir sind und bleiben uns
selbst vorgegeben. Wir empfangen uns aus Gottes Hand.

Viele Menschen sehen das anders. Sie wollen frei sein
von Gott. Sie wollen sich von Gott emanzipieren, zu
deutsch: sich seiner Hand entziehen. Das hat Folgen!
Können wir leben ohne die tragende Hand Gottes? Tragen wir uns selbst? Wir überheben uns gewaltig. Gottes
Hand ist durch keinen Menschen zu ersetzen, schon gar
nicht durch uns selbst. Wer den Himmel stürmen will,
wird bald aus allen Wolken fallen.

Wer nicht weiß, wem er sich verdankt, meint am Ende,
er müsse sich selber schaffen. Er produziert sich selbst.
Was dabei herauskommt, weiß jeder: die Karikatur eines
Menschen – zum Lachen, wenn's nicht zum Weinen
wäre. Wer sich selbst produzieren will, gerät unter die
Tyrannei seiner eigenen Leistung. Frei bleibt er nur, wenn
er nicht vergißt, woher er kommt. Es ist ein himmelweiter
Unterschied, ob wir wissen, wer uns und das Ganze trägt,
oder ob wir es nicht mehr wissen. Gott bürgt für Freiheit.

*Der Weg zur Freiheit*

Freiheit, das Wort ist ein Inbegriff menschlicher Sehnsucht. Daher beschäftigt es alle Religionen. Man kann
die Religionen der Welt danach unterscheiden, wie sie
den Weg zur Freiheit suchen. Bei den Urvölkern heißt es:
Du mußt die Götter besänftigen; du mußt ihnen Opfer
darbringen und dich von ihrem Neid loskaufen, dann
kannst du frei leben. Das Judentum zur Zeit Jesu sagt:

Du mußt das Gesetz erfüllen, dann bist du wirklich frei! Religiöse Bewegungen der Antike wie die Mysterienkulte und die Gnosis sagen: Du mußt Reinigungsstufen durchschreiten, dann gewinnst du die Freiheit in vollkommener Vergeistigung. Die stoische Philosophie lehrt: Du mußt Abstand wahren, deine Wünsche zurücknehmen, dann wirst du weise und frei. Die asiatischen Religionen sehen in Meditation und Askese den Weg zur Freiheit, einer Freiheit vom Ich und von der sichtbaren Welt. Je mehr Menschen durchschauen, wie sehr gerade die hoch entwickelte Industriegesellschaft sie gefangen nimmt und um die ersehnte Freiheit bringt, um so mehr beeindruckt sie gerade dieser Weg.

Der christliche Glaube sagt: Der Weg zur Freiheit ist die Liebe. Eine überraschende Auskunft! Wir werden genau hinhören müssen, was sie meint. Sie hat ihren Grund, keinen anderen Grund als Gott selbst. Die Liebe ist *der* Weg zur Freiheit; denn all unsere Freiheit verdankt sich der vorgängigen, freigewagten Liebe Gottes zu uns. Sie kommt dort zur Reife, wo wir in Freiheit das Experiment der Liebe wagen.

Viele meinen, sie seien frei, wenn sie tun können, was sie wollen, und wenn sie nur das zu tun haben, was sie möchten. Sie versprechen sich von der Freiheit, daß ihnen immer alles zur Verfügung steht, was sie gerne möchten. In diesem Sinn hat Karl Marx einmal gesagt, der Mensch sei frei, wenn er die Möglichkeit habe, »morgens zu jagen, nachmittags zu fischen, nach dem Essen zu kritisieren, wie er gerade Lust hat...«. Wenn das der Inbegriff von Freiheit ist, dann erscheint jede Bindung als Fessel der Freiheit. Dann wird Beseitigung von Bindungen mit dem Fortschritt an Freiheit gleichgesetzt.

Dieses Freiheitsverständnis, so häufig es auch in Ver-

gangenheit und Gegenwart anzutreffen ist, verfehlt sein
Ziel. Es ist viel zu einseitig vom Ich her gedacht, von den
eigenen Bedürfnissen und Interessen. Unabhängigkeit ist
zweifellos ein Element von Freiheit. Treibt man sie auf
die Spitze, führt sie zur Isolation. Der einzelne Mensch
oder Staat sieht dann schließlich nur noch sich selbst. Er
kennt allein seinen Fortschritt, seinen Nutzen, seine
Interessen, koste es, was es wolle. Eigeninteresse und Eigennutz werden dann zum Maßstab der Freiheit. – Freiheit ohne Solidarität, ohne Einbindung in das größere
Ganze, ohne Verantwortung für den anderen, für das
Gemeinwohl in unserer Gesellschaft und unter den Völkern führt schließlich zur Ausbeutung.

Wenn Freiheit ausschließlich vom Ich her gedacht und
als Unabhängigkeit propagiert wird, dann wird im Nu
der andere Mensch (oder Staat) zum Mittel. Dann wird
schließlich sein Selbstwert an seinem Marktwert gemessen. Der nächste Schritt ist, daß der Stärkere dem Schwächeren dessen Marktwert diktiert. Hier liegt eine Wurzel
der Gewalttätigkeit: Ich bin nur in dem Maße etwas, in
dem du nichts bist. Um zu haben und zu sein, muß ich dir
nehmen. – Diese Logik der Machtsteigerung auf Kosten
des anderen – eine Zeitlang Motor des Fortschritts – ist
zur Falle geworden.

Der Mensch ist zunächst nicht auf Unabhängigkeit
und Isolation angelegt, sondern auf Beziehung. Er lebt
von Beziehungen, die ihn befreien, in denen er frei bleibt
und andere befreit.

Unsere Sprache kennt noch den Zusammenhang von
Freiheit und Liebe, den uns der Glaube lehrt. Sie kennt
nicht nur das Hauptwort »Freiheit« und das Adjektiv
»frei«, sondern auch das Tätigkeitswort »freien«. Wir
freien uns, indem wir aus uns selbst herausgehen und
einander lieben, also Beziehungen aufnehmen und Bin-

dungen eingehen. Dazu möchte Gott uns befreien. Er befreit uns zur Liebe.

## Lockruf zur Freiheit

Der Name Gottes bürgt für Freiheit. Das hat Israel erlebt, vor allem im Aufbruch aus Ägypten. Die Befreiung aus der Sklaverei durch Gottes Tat ist das Ursprungsereignis dieses Volkes. Darum sind »Gott« und »Freiheit« für Israel untrennbar miteinander verbunden. Gott unterdrückt die Menschen nicht, er schenkt ihnen Freiheit. Seine Herrschaft engt das Leben nicht ein, sondern bringt es zur Entfaltung. Israel hat sehr genau festgehalten, daß es seine Existenz nicht eigener Leistung verdankt, sondern der schöpferischen Initiative Gottes: »Ich bin Jahwe, dein Gott, der dich aus Ägypten geführt hat, aus dem Sklavenhaus...« (Ex 20,2). Die Freiheit des Volkes zu seinem besonderen Weg ist nur von diesem Hintergrund her zu verstehen. Und die Gebote kommen von da her. Sie sind nicht Voraussetzung der Freiheit, sie wollen den Aufbruch in die Freiheit schützen. Ist das Volk so frei, der Gabe Gottes zu entsprechen und seine Erwartungen einzulösen?

Die Propheten erinnern an diese Freiheit, rufen sie dem Volk ins Gewissen, wenn sie im Trott der Gewohnheit unterzugehen droht, damals wie heute.

»Wenn die Propheten einbrächen
durch die Türen der Nacht
mit ihren Worten Wunden reißend
in die Felder der Gewohnheit...
würdest Du hören?...
Wenn die Propheten aufständen
in der Nacht der Menschheit

wie Liebende, die das Herz der Geliebten suchen,
Nacht der Menschheit
hättest Du ein Herz zu vergeben?« (Nelly Sachs)

Das ist die entscheidende Frage in Sachen Freiheit: »Hättest Du ein Herz zu vergeben?« Freiheit ist nicht an ein bestimmtes Territorium gebunden, das man anderen abjagen und gegen sie mit Waffengewalt verteidigen kann. Freiheit ist ein Lebensraum. Er entsteht überall dort, wo wir unser Herz geben, dem anderen und Gott.

Das ist die Botschaft, mit der Jesu auf den Plan tritt. Mitten in der äußeren Unterdrückung kommt durch sein Wort und sein Leben Gott zur Herrschaft. Ungewöhnlich genug, wie er redet: »Der Geist des Herrn ruht auf mir, denn er hat mich gesalbt. Er hat mich gesandt, damit ich den Armen das Evangelium verkünde; damit ich den Gefangenen die Entlassung verkünde und den Blinden das Augenlicht; damit ich die Zerschlagenen in Freiheit setze und ein Gnadenjahr des Herrn ausrufe« (Lk 4,18f).

Jesus verkündet das nicht nur, er fängt umgehend damit an: Er setzt sich an einen Tisch mit den Zöllnern und Sündern, läßt Frauen und Kinder an sich heran, Soldaten der Besatzungsmacht und die verachteten Samariter. Allen gibt er die Chance eines neuen Anfangs, auch denen, die sich selbst längst aufgegeben haben, auch den Rückfälligen (wie dem Petrus). Denn Gott, so verkündet er, läßt seine Sonne aufgehen über »Bösen und Guten« (Mt 5,45). Er lockt uns in eine Freiheit, die alle Spielregeln unterläuft, mit denen wir uns gegenseitig blockieren und Angst machen. ›Wenn einer deinen Mantel von dir fordert, so gib ihm auch dein letztes Hemd; wenn er dich mit auf den Weg holt, geh gleich zwei Meilen mit ihm; wenn er dich auf die rechte Backe schlägt, halte ihm auch die andere hin‹ (vgl. Mt 5,39–41). Seid so

116

frei, sagt er, und setzt euch auf den letzten Platz, statt
nach dem ersten zu schielen; seid so frei, zu leihen, ohne
zurückzufordern, seid so frei, siebenmal siebzigmal zu
vergeben!

So offenbart er unter uns das Geheimnis Gottes: Alle
sind zur Freiheit der Töchter und Söhne Gottes berufen,
Juden und Heiden, die Nahen und die Fernen, Sklaven
und Freie, Männer und Frauen. Hier darf keiner mehr
über den anderen herrschen, weil Gott allein herrscht,
und das heißt: Es herrscht die Liebe.

Christus ermutigt uns, Freiheiten zu wagen, die in unserer Gesellschaft immer mehr an den Rand gedrängt
oder verraten werden:

- die Freiheit, Mensch zu bleiben und sich nicht »wie ein
  Herrgott« zu gebärden;
- die Freiheit, das kleinkarierte »Jeder ist sich selbst der
  Nächste« zu durchbrechen und im anderen den Nächsten zu erkennen;
- die Freiheit, sich zugunsten anderer einzuschränken
  und zurückzunehmen;
- die Freiheit, Leiden anzunehmen und am Leiden anderer mitzutragen;
- die Freiheit, sich Schuld einzugestehen und um Vergebung zu bitten.

Sind wir so frei? Ich wünsche es Ihnen.

*Frei für andere*

Freiheit ist ein Inbegriff des christlichen Glaubens. Der
Name Jesus steht für Freiheit. Das zeigt sich besonders in
zwei bewegenden Handlungen am Ende seines Lebens.
Er erhebt sich vom Mahl und wäscht seinen Jüngern die
Füße: Das habe ich gewollt und das ist mein Testament,
so sollt ihr einander dienen (vgl. Joh 13,12–17). Und im

Zeichen des Brotbrechens und des Friedensbechers sagt
er: Das bin ich für euch; so gebe ich mich für euch hin,
damit ihr das Leben habt! In diesen Ohnmachtsgesten
offenbart er, wozu die Freiheit fähig ist, wenn sie sich als
Liebe versteht: »Es gibt keine größere Liebe, als wenn
einer sein Leben für seine Freunde hingibt« (Joh 15,13).

Hier vor allem wird das Profil christlicher Freiheit
deutlich, im Unterschied etwa zu liberalen oder bürgerlichen Freiheitskonzepten, die heute weitgehend die Öffentlichkeit bestimmen. Hier wird deutlich, an welcher
Stelle ein Christ dem Konzept der »Selbstverwirklichung« widersprechen wird. Christliche Freiheit zielt
nicht darauf, sich das Leben zu nehmen, sondern es zu
geben.

Nicht als ob Selbstverwirklichung in jedem Fall ver-
derblich und unchristlich wäre. Wer kann ein größeres
Selbstbewußtsein gewinnen als der, der glauben darf, daß
er absolut und vorgängig zu allem, was er tut oder läßt,
geliebt ist und geliebt bleibt? Gerade weil wir glauben,
von Gott höchstpersönlich gewollt und geliebt zu sein,
wissen wir uns auch von ihm ermutigt, unsere Möglichkeiten zur Entfaltung zu bringen und unser eigenes sterb-
liches Leben in Freiheit original zu verwirklichen. Aus
dem Glauben an Gottes befreiende Liebe erwächst eine
unzerstörbare Gewißheit der eigenen Würde und Freiheit
von Gottes Gnaden.

Wenn daher unter dem Deckmantel einer vermeint-
lichen Christlichkeit geduckte, verkrümmte und veräng-
stigte Menschen kleingehalten werden, ist das eine Sünde
gegenüber diesen Menschen und eine Verunehrung Gottes. Niemand sollte so etwas als Vorbild hinstellen und
als »Selbstlosigkeit« anpreisen. Selbstlos kann nur jemand sein, der ein Selbst hat, das er geben kann. Soweit
also Selbstverwirklichung den Respekt vor der unver-

wechselbaren Würde und Berufung eines jeden Menschen meint, gehört sie ins Zentrum des christlichen Menschenbildes, ist in der Freiheit und Menschlichkeit Jesu maßstäblich vorgegeben.

Aber weil diese Freiheit aus der Liebe kommt, kann sie sich niemals auf Kosten anderer durchsetzen wollen, die Gott ebenso unverwechselbar liebt. Christliche Freiheit ist mit jener Selbstverwirklichung unvereinbar, die selbstherrlich die Durchsetzung der eigenen Interessen betreibt und die Verantwortung für andere und für das größere Ganze ausblendet. Eine solche Art von Selbstverwirklichung ist fast immer Fremdbelastung, ja Fremdzerstörung. Sie schlägt schließlich in die mörderische Einsamkeit dessen um, der nur noch sich selbst kennt. Solche Selbstverwirklichung, so lautstark sie auch propagiert wird, ist im Grunde Angst vor Verantwortung und Einbindung, Willkür auf Kosten anderer. Sie ist spießbürgerlich kleinkariert.

Statt dessen bedeutet Freiheit gerade, daß wir im Gegenüber zu anderen und in Verantwortung mit ihnen Menschen werden, die so frei sind, daß sie sich selbstlos für andere verschenken können. Christliche Freiheit meint jenes Selbstbewußtsein, aus dem die Fähigkeit wächst, selbstlos für andere einzutreten. Wenn wir uns im Namen Gottes selbst verwirklichen, dann wird sich das darin zeigen, daß wir zunehmend mehr Energie freisetzen, für andere da zu sein, ihre Not und Sehnsucht zu erspüren.

## Freiheit in Bindung

Dürfen wir alles, was wir können? Der Radius der Freiheit und damit auch der Verantwortung hat sich in unserer Zeit ausgeweitet wie nie zuvor. Wir können z.B. durch direkte Eingriffe in den erblichen Bauplan neue Lebewesen schaffen. Längst sind Schweine zu züchten, die vier oder sechs Schinken haben. Der Mensch macht sich zum Meister über die Erbmuster, zum Schöpfer. Wenn ein Wissenschaftler die Erbanlagen von Gerste und Weizen, von Schweinen und Rindern verändert, um zu besseren Erträgen zu kommen, wird er zurückzucken, wenn's an die Gene des Menschen geht?

Bald wird es soweit sein, daß wir auch Menschen züchten können. Was ist, wenn Kinder künstlich gezeugt und in beliebigen Leihmüttern, ja Leihvätern ausgetragen werden? Was ist, wenn aus dem Zeugen ein »Machen« wird, eine Produktion, ein technischer Vorgang im Reagenzglas? Der Mensch als Produkt seiner selbst! Er produziert sich selbst. Das ist eine Karikatur. Sich als Abklatsch eines vorhandenen Seins zu wissen, muß die Freiheit des Selbstseins ersticken.

Wenn wir uns als Schöpfer aufspielen wollen, dann ist auf einmal der Teufel los. Dann werden wir wie im Zauberlehrling die Geister, die wir riefen, nicht mehr los. Alles steht auf dem Spiel, wenn's ums Leben geht, erst recht, wenn's ans Leben geht.

Zweifellos hat der Fortschritt auch seine positiven Seiten. Die darf man nicht übersehen. Die Gentechnologie eröffnet die Chance, Erbkrankheiten zu beseitigen. Aber neben diesen Lichtseiten ziehen die dunklen Wolken eines mörderischen Fortschritts auf und verdüstern die Aussicht auf kommende Generationen. Freiheit des Forschens, Freiheit der Fortentwicklung unserer Möglichkeiten – ja. Ohne diese Entfaltung unserer geistigen und menschlichen Quellen würden wir verkümmern. Doch die Frage bleibt: Dürfen wir alles, was wir können? Es ist gut, daß wir Krankheiten verhindern und Not lindern. Aber wir sollten uns hüten, uns zum Schöpfer zu machen.

Grenzen zu setzen und Halt zu machen, selbst in den Dingen, die wir als Erfolg für uns verbuchen – das kann ein ganz neuer Wert für die Welt von morgen sein. Selbstbeherrschung und Selbstbeschränkung sind der Preis der Freiheit. Sie ist nur im Verzicht auf Maßlosigkeit zu gewinnen und zu erhalten. Woher nehmen wir die Kraft dazu?

Eine uralte Sage aus Griechenland erzählt von der Heimfahrt des Odysseus nach dem Krieg in Troja. Sie ist voller Abenteuer. Eines davon ist dieses:

Das Schiff der Heimkehrenden muß an der Insel der Sirenen vorbeifahren. Sirenen, das heißt zu deutsch: die Bestrickenden, die Fesselnden. Diese Fabelwesen, halb Mensch, halb Vogel, mit großen Krallenfüßen, ziehen mit ihrem bezaubernden Gesang die Seefahrer an, um sie dann umzubringen. Die Insel ist übersät mit Skeletten.

Odysseus ist gewarnt. Er befiehlt allen Leuten auf seinem Schiff, sich die Ohren mit Wachs zu verstopfen. Er allein will die Ohren offenhalten. Aber seine Gefährten müssen ihn fest an den Mastbaum des Schiffes binden. So will er es wagen, die tödliche Gefahr zu bestehen.

Als das Schiff sich der Insel nähert, tritt zunächst eine unheimliche Stille ein. Dann ertönt der Zaubergesang der Sirenen. Aber Odysseus, der sich in Freiheit an den Mast gebunden hat, besteht die tödliche Gefahr.

Die Christen der ersten Jahrhunderte haben diese Sage oft aufgegriffen. Sie sahen in Odysseus ein Bild des wagemutigen Menschen, der bewußt mit offenen Sinnen die Gefahren bestehen will, die auf der Fahrt des Lebens lauern. Nur der wird die Gefahren bestehen, der in Freiheit selbst feste Bindungen eingeht. So wie Odysseus sich an den Mastbaum des Schiffes gebunden hat, so binden sich die Christen an das Kreuz Jesu Christi. Das Kreuz ist *der* Ort der Freiheit.

*Rat des Evangeliums*

Freiheit, das Wort hat einen faszinierenden Klang. Unterströmig zu allem, was wir täglich tun und erleben, gibt es diese heimliche Freiheitsmelodie: nicht nur mehr Wissen, mehr Besitz, sondern vor allem echteres, wahreres Leben. Die Sehnsucht nach Alternativen wird wach, der Mut zu neuen Lebensformen, ja der Wille zum radikalen Neubeginn. Freiheit nicht nur als Befreiung von aller möglichen Fremdbestimmung, sondern auch als Aufruf und Aufbruch in ein wahreres Leben. Darin steckt der Wunsch, aufs ganze zu gehen und sich nicht länger mit den bekannten kleineren Lösungen zufrieden zu geben. »Es muß mehr als alles geben« (Nelly Sachs). »In allem ist etwas zu wenig« (I. Bachmann).

Die sogenannten Räte des Evangeliums zeigen uns eine Alternative, sie führen uns in eine Freiheit von Gottes Gnaden. Gott selbst ist es, der uns in Gestalt und Sendung diesen entscheidenden Rat gibt. Wohlgemerkt: einen Rat – kein Diktat, kein jammerndes Betteln – einen Rat, so wie Erwachsene sich beraten lassen und raten.

Gehorsam, Armut, Ehelosigkeit – diese drei Räte des Evangeliums sind Entfaltungen des einen Rates zur Freiheit. Sie wollen nichts anderes sein als die christliche Alternative zu Macht-, Besitz- und Sexualstreben um ihrer selbst willen. Wohlgemerkt: um ihrer selbst willen! Es geht nicht um eine Abwertung dieser Triebe, was leider nicht selten geschah, es geht um eine schöpferische Überbietung, um »Wandlung«.

Man kann von diesen drei evangelischen Räten nicht reden, ohne von Gott zu reden. Sie stehen und fallen mit dem Glauben an Gott. Von ihm erhalten sie ihren Sinn und ihren Wert. Wenn jemand sich ganz auf Gott einläßt und ihm sein Leben überläßt, dann kann er getrost viele Dinge lassen. Er wird frei wie kaum jemand sonst. Er muß keine Angst mehr um sich selbst haben, er hat den Rücken frei. Für ihn wird wichtig, was andere als unwichtig ansehen; und es wird weniger wichtig, was anderen ihr ›ein und alles‹ ist, von dem sie meinen: ›Ohne das geht's gar nicht, ohne das kann ich nicht leben.‹

*Besitz* ist gut, wir gebrauchen ihn zum Leben. Viele denken: ›Man kann doch nicht leben, ohne etwas persönlich zu besitzen: Das gibt's doch gar nicht.‹ – Doch, das gibt's: Menschen, die für sich nichts besitzen. Die sagen: ›Nichts gegen den Besitz. Aber – das soll alles sein? Das kann doch nicht alles sein.In allem ist etwas zu wenig. Gott ist mein ein und alles. Und nun laß ich den Besitz um Gottes willen. Ich bin so frei. Gott schenkt mir diese Freiheit.‹

*Macht* hat ihren Wert. Sie gibt uns die Möglichkeit, etwas zu machen. Viele denken: ›Man kann doch nicht leben ohne Einfluß, ohne Position, ohne Macht.‹ – Doch, das geht! Ich brauche nicht erst etwas aus mir zu machen, um etwas zu sein. Gott bin ich schon so wertvoll genug. Und wo die Herrschaft Gottes ganz ernst genommen wird, da fällt die Herrschaft von Menschen über Menschen. Da finden sich Menschen, die sagen: »Für mich gibt's nur eins: Das gemeinsame Hören auf den einen Herren. Das ist *der* Gehorsam. Und nun laß ich Macht und Karriere um Gottes willen. Ich bin so frei. Gott schenkt mir diese Freiheit.«

Die *Sexualität* ist eine Gabe Gottes, sie hat ihren Wert, wir dürfen sie nicht verteufeln. Wir alle verdanken uns unseren Eltern. Ohne sie wären wir nicht. Die Ehe ist gut. Alles ist sie nicht. Und es ist gefährlich, wenn jemand zum anderen sagt: ›Du bist mein ein und alles!‹ Da wird der andere ihn auf Dauer wohl enttäuschen, das kann er nicht halten. Alles ist er nicht. – Da gibt's Menschen, die sagen: »Nichts gegen die Ehe! Aber alles ist sie nicht. Und nun laß ich die Ehe um Gottes willen. Gott ist mein ein und alles. – Ich bin so frei. Gott schenkt mir diese Freiheit.«

Ich bin so frei! – Freiheit? Eine ungewohnte Freiheit, die allein Gott schenken kann. Wenn er hinter mir steht, dann habe ich den Rücken frei, auch die Hände und das Herz. Dann kann ich mich ganz den anderen zuwenden. Die Räte des Evangeliums sind ein Ruf in solche Freiheit. Wer sich darauf einläßt, kann zum Zeichen der Freiheit werden.

## Gesetzestreue im Überfluß

Schrifttext: Mt 5,17–20
Predigt anläßlich der Vollversammlung der Deutschen Bischofs-
konferenz in Fulda 1984

Gesetz – das Wort hat heute keinen guten Klang, auch bei vielen in der Kirche nicht. Wer freut sich schon, wenn er ›Gesetz‹ hört. Manche werden den Kopf schütteln und fragen: Was soll das? Was hat das Evangelium mit dem Gesetz zu tun? Jesus hat doch die Freiheit vom Gesetz gebracht – denken viele. Er hat das Gesetz durch die Liebe erledigt – denken viele, und zwar nicht erst heute. Von Anfang an hat es Leute in der Kirche gegeben, die so gedacht haben.

»Denkt nicht«, heißt es hier im Evangelium, »ich sei gekommen, das Gesetz und die Propheten aufzuheben. Ich bin nicht gekommen, um aufzuheben, sondern um zu erfüllen« (17). Das Gesetz steht fest wie der Himmel (das Gesetz, hier verstanden als der Wille Gottes, wie ihn der Alte Bund bezeugt). Kein Jota soll davon vergehen.

Kaum zu glauben: mitten im Evangelium das Gesetz. Dort, wo wir's am allerwenigsten erwarten, mitten in der Bergpredigt, die Mahnung zur Gesetzestreue. Sind wir also als Jünger Jesu im wesentlichen Gesetzeslehrer? Vorsicht! »Wenn eure Gerechtigkeit nicht weit größer ist als die der Schriftgelehrten und der Pharisäer, werdet ihr nicht in das Himmelreich kommen« (20). Also: Gesetzestreue bis zum i-Tüpfelchen und »weit größere« Gerechtigkeit. Wie soll man das zusammenbringen? Eine unheimliche Spannung. In der damaligen Auseinandersetzung um das (jüdische) Gesetz werden Probleme sichtbar und Maßstäbe gesetzt, die uns auch heute betreffen. Der Evangelist hat deutlich zwei Gruppen im Auge, mit denen er sich auseinandersetzt. Er wendet sich an die, die nur noch Gesetz sehen (die sogenannten Traditionalisten) und gegen die, die das Gesetz begraben haben (die sogenannten Progressisten).

*Nicht als Gesetz?*

Da sind die einen (damals die strengen Judenchristen), die sagen: Die Kirche hat die Tradition verraten, sie hat den im Alten Bund verbrieften Willen Gottes aufgekündigt. Sie hat das Gesetz abgeschafft und dadurch mit der Tradition gebrochen. Der Evangelist erwidert ihnen: Nein, das ist nicht wahr. Was Gott den Vätern verkündet hat, das kommt mit Jesus ans Ziel. Er läßt das Gesetz nicht fallen, er erfüllt es. Gottes ursprünglicher Rechtswille bleibt gültig, freilich allein so, wie Jesus ihn in seinem Leben ausgelegt hat. Sein Auslegungskriterium ist das Liebesgebot. So hat Jesus das Gesetz erfüllt, und er erwartet von seinen Jüngern, daß sie kein Jota streichen von dieser »Erfüllung« des Gesetzes in der Liebe.

Nicht wenige, die es mit dem Glauben und mit dem

christlichen Leben ernst nehmen, fragen heute besorgt: Läuft das Reden von Erneuerung in der Kirche nicht am Ende darauf hinaus, überlieferte Gesetze und Ordnungen abzuschaffen? Geraten wir damit nicht schließlich unter das Schlimmste aller »Gesetze«, unter das »Gesetz des geringsten Widerstandes«? Soviel ist klar, Erneuerung ist nicht zu erreichen nach der Devise: »Man nimmt's halt nicht mehr so genau...« Es kommt darauf an, den Willen Gottes entschiedener zur Geltung zu bringen. Dabei geht es nicht um weniger, sondern um mehr. Aber dieses »Mehr«, zu dem Jesus aufruft, ist nicht ein »Mehr« an Vorschriften und Gesetzen. »Wenn eure Gerechtigkeit nicht weit größer ist als die der Schriftgelehrten und der Pharisäer, werden ihr nicht in das Himmelreich kommen« (20).

Das ganze Gesetzeswerk ist wie ein Netz. Man kann es immer weiter und immer enger spannen. Doch mit jeder neuen Masche entsteht ein neues Loch und – sofern man sich nur auskennt – kann man ganz korrekt durch die Maschen gehen. Jesus spannt das Netz nicht weiter oder enger. Er wirft es nicht weg, er greift durch die Maschen des Gesetzes hindurch nach dem Herz des Menschen. Seine »weit größere Gerechtigkeit« ist letztlich nicht in Gebote zu fassen.

Jene Tiefe in uns wird ausgelotet, in der alles Denken, Fühlen und Tun seinen Ursprung hat und wo die Entscheidungen fallen: das Herz. Gott beansprucht den Menschen ganz; er will, daß er sich ihm ungeteilten Herzens (vgl. Mt 6,19–24) zuwendet und nicht auf gesetzlichem Wege Räume aussparrt. Diese »weit größere Gerechtigkeit« Jesu liegt nicht außerhalb des Gesetzes, sie geht ihm auf den Grund.

*Freiheit vom Gesetz*

Der Evangelist setzt sich nicht nur mit denen auseinander, die nur noch Gesetz sehen, er wendet sich auch an die Adresse der (heidenchristlichen) Schwärmer. Es sind Leute, die vom Gesetz nichts mehr wissen wollen. Vertreter eines gesetzesfreien Christentums: Gesetz – da stehen wir darüber. Sie nehmen Jesus als den großen »Liberalen« für sich in Anspruch, als den Revolutionär für eine neue Welt ohne Gesetz.

»Täuscht euch nicht«, sagt der Evangelist. Jesus hat nicht gesagt: »Den Alten ist gesagt worden: Haltet euch ans Gesetz... Ich aber sage euch: Schafft das Gesetz ab und handelt so, wie ihr es für richtig haltet...« Sicher, die überkommene Gesetzespraxis der Schriftgelehrten und Pharisäer reicht nicht aus. Jesus geht es um mehr, um die »weit größere Gerechtigkeit«. Aber damit hat er das Gesetz nicht durchgestrichen, er hat es auf einen gemeinsamen Nenner gebracht: die Liebe. Sie ist die Erfüllung des Gesetzes. Man kann nicht das Gesetz gegen die Liebe ausspielen. Habt acht: »Viele falsche Propheten werden auftreten, und sie werden viele irre führen. Und weil die Mißachtung von Gottes Gesetz überhandnimmt, wird die Liebe bei vielen erkalten« (Mt 24,11 f). Gesetzlosigkeit dient nicht der Liebe, sondern läßt sie ausbrennen. Ohne Gesetz gibt es keine Gerechtigkeit, erst recht nicht die »weit größere«. Mißachtung des Gesetzes dient nicht dem Frieden, sondern gefährdet ihn. Gesetz und Liebe gehören zusammen.


*Überfließende Gerechtigkeit*

Jesus geht es um die »weit größere« (wörtlich: »überfließende«) Gerechtigkeit. Das Bild vom »Überfluß« bringt die Sache treffend zum Ausdruck, um die es geht. Man stelle sich einen Brunnen vor: Wenn das Wasser heraussprudelt und über den Brunnenrand fließt, ist die Schale oft gar nicht mehr zu sehen. Das Gefäß tritt zurück vor dem »Überfluß«. So tritt in der »überfließenden« Gerechtigkeit das Gesetz vor dem »Überfluß« der Liebe zurück, ohne daß es aufgelöst wäre. Im Grunde kann man das, was hier gemeint ist, nur im Blick auf Jesus verstehen. Was er für uns getan hat, ist in kein Maß zu fassen, ist durch kein Gesetz gefordert, es übersteigt unsere vergleichende Gerechtigkeit. Wo kämen wir hin, wenn er auf Gegenseitigkeit bestünde! Er geht weit über das hinaus, was sein muß, er geht tiefer hinein in das, was von Gott her sein soll, er geht Gottes Willen auf den Grund. Er ist die nicht rechnende, wahrhaft überfließende Gerechtigkeit Gottes. Er kommt aus dem Überfluß der Liebe, in der sich Gott an Welt und Mensch verschwendet.

Das Evangelium ist eine Einladung, sich in diese Bewegung einzulassen. Es löst das Gesetz nicht auf, es geht darüber hinaus; es öffnet die Augen und das Herz für die »weit größere Gerechtigkeit«. Es spricht ein tiefes Wissen in uns an, daß unsere Welt in ihren Ordnungen und Gesetzen vorläufig ist: In allem ist etwas zu wenig. Es rührt eine Sehnsucht in uns an, die auf Vollendung sieht in der Liebe.

Gesetz und Liebe. Die Spannung, die in dieser Zuordnung liegt, ist nicht aufzulösen, solange wir Menschen dieser Erde sind und es bleiben wollen. Wer sie zerreißt, wird zur einen wie zur anderen Seite in Sackgassen enden. Die Spannung ist uns aufgegeben. Sie ist das »Spannende« unseres christlichen Lebens.

Gesetz – ja! Das Gesetz der Liebe.

Gesetzestreue – allerdings! Im Überfluß der Liebe.

# Aufrechter Gang

Schrifttext: Lk 13,10–17
Tag der Frauen in der Limburger Kreuzwoche 1988

Die Geschichte einer Frau – als Evangelium. »Ihr Rük-
ken war verkrümmt, und sie konnte nicht mehr aufrecht
gehen« (11). In einem Bericht las ich: »Als bestes Tragtier
dient vielerorts in Afrika immer noch die Frau.« Ich
hab's gesehen, als ich in Afrika war. Wer gebückt und
gekrümmt nach unten auf die Erde schaut, sieht die
Sonne nicht mehr. Er sieht schließlich nur noch seinen
eigenen Schatten.

*Gekrümmter Rücken*

Solche Frauen gibt es nicht nur in Afrika, sondern auch
bei uns. Sie gehen krumm, und das kommt nicht von
ungefähr, das hat seinen Grund. »Dort saß eine Frau, die
seit 18 Jahren krank war, weil sie von einem Dämon
geplagt wurde; ihr Rücken war verkrümmt, und sie
konnte nicht mehr aufrecht gehen« (11). Sie geht krumm,
weil sie von einem Dämon geplagt wurde... Wir sind
vielleicht etwas verlegen und denken: Dämon, was ist das
nur? Wie oft sind Frauen dämonisiert, in die Ecke des
Teufels gestellt worden: ›Die Eva, mit ihr fing alles an.‹
›Du alte Hexe!‹ ›Du Teufelsweib!‹ Weiß der Teufel, wieviele Frauen dem Hexenwahn zum Opfer gefallen sind.
Gott weiß es besser. Es waren Heilige darunter, wie die
Jungfrau von Orléans. – »Ihr Rücken war verkrümmt...«, das kann einem schon das Rückgrat brechen, wenn einem der Teufel eingeredet und man zur
Hexe abgestempelt wird.

»Ihr Rücken war verkrümmt...« – Was wundert's,
wenn man für alles den Buckel hinhalten muß. Das ken-

nen Sie doch: ›Die Mütter sind an allem schuld.‹ Wenn aus den Kindern nichts wird, trifft's die Mütter. Wenn die Jugend der Kirche ade sagt, sind die Mütter dran schuld. Was wird nicht alles auf dem Rücken der Frauen ausgetragen. Das kann einem das Rückgrat brechen.

»Ihr Rücken war verkrümmt...« – Was wundert's, wenn man immer wieder geduckt und gedeckelt wird: ›Du kannst das nicht!‹ ›Schweig, davon verstehst du nichts!‹ ›Halt's Maul, du dumme Gans!‹ Dann wird man schließlich immer kleiner, und wenn man nicht nur mit solchen Schlagwörtern getroffen wird, sondern schließlich auch die Fäuste zu spüren bekommt, das kann einem das Rückgrat schon brechen. Wenn die Statistiken recht haben, wird bei uns in jeder fünften Ehe die Frau geschlagen.

*Den Rücken frei*

Die gekrümmte Frau wird entdeckt, von Jesus. Er sieht sie, wie sie gebeugt ist nach unten. »Er rief sie zu sich und sagte: Frau, du bist von deinem Leiden erlöst« (12). Er läßt sie nicht in der Ecke des Teufels oder der Sünderin stehen, er ruft sie zu sich, in die Mitte. Er stärkt ihr den Rücken. Das ist wie eine Erlösung, wie eine Befreiung. Der Bann ist gebrochen: »Frau, du bist von deinem Leiden erlöst.«

Jesus hat keine Berührungsängste: »Er legte ihr die Hände auf. Im gleichen Augenblick richtete sie sich auf und pries Gott« (13). Sie wissen doch, wie das ist, wenn Kinder sich gestoßen haben. Dann schreien sie und laufen zur Mutter. Und die Mutter legt die Hand auf die Beule. Das tut gut, das heilt, das gibt Kraft. Oder wenn jemand die Hand über den anderen hält: Dann kann man sich erheben, aufrichten. Dann sieht man auf einmal die

130

Sonne. In dem Augenblick, in dem Jesus der Frau die Hand auflegt, kann sie sich aufrichten. Der aufrechte Gang! Die Frau kann erhobenen Hauptes in die Sonne schauen. Gott sei Dank!

### Tochter Abrahams

Die ganze Geschichte hat noch ein Nachspiel. Man denkt zunächst ganz unbefangen: Die Freude ist groß, nicht nur bei der Frau. Stellen Sie sich vor: 18 Jahre krumm und des Teufels. Und nun richtet sich die Frau unter dem Wort und der Hand Jesu auf und schaut erhobenen Hauptes in die Zukunft. Da kann man sich doch nur freuen.

Der Synagogenvorsteher denkt ganz anders. Er ist empört: »Sechs Tage sind zum Arbeiten da. Kommt also an diesen Tagen und laßt euch heilen, nicht am Sabbat!« (14). Das geht zu weit. Wo kommen wir da hin, wenn am Sabbat geheilt wird! Die Frau kann bis morgen warten...

Jesus widerspricht. Wenn jemand so verkrümmt ist, dann muß ich augenblicklich die Hand darüber halten, damit er wieder aufrecht gehen kann. Sie ist doch eine Tochter Abrahams. Man höre und staune: Es gibt nicht nur Söhne Abrahams, es gibt auch Töchter Abrahams, denen Gottes Verheißung gilt.

»Da freute sich das Volk«, heißt es am Ende der Geschichte. Und die Frau pries Gott. Dazu sind wir jetzt hier, daß wir ihn preisen. Wen sollten wir mehr preisen als Gott. Wen könnten die Frauen mehr preisen als Gott, wenn sie erfahren: Die Hand des Herrn ist über uns. Da kann man sich aufrichten, das läßt frei atmen.

# VI

# Der Jugend zugewandt

## Bündnis zwischen den Generationen

Hirtenbrief an die Gemeinde im Bistum Limburg, 1988

Vater und Sohn, Mutter und Tochter, wir sagen das in
einem Atemzug, und doch liegen oft Welten dazwischen.
Muß das so sein? Das Alte Testament endet mit einer
großen Verheißung. Der Prophet der Heilszeit »wird das
Herz der Väter wieder den Söhnen zuwenden und das
Herz der Söhne ihren Vätern...« (Mal 3,24). Ein letztes
Wort, wie ein Vermächtnis! Die Väter und Söhne werden
ausdrücklich genannt, aber selbstverständlich sind die
Mütter und Töchter, die Großmütter und Großväter
ebenso angesprochen. Das Wort richtet sich an uns alle.
Es ist eine Gnade, ein Zeichen der Heilszeit, wenn sich die
Herzen der Generationen einander zuwenden. In der Tat,
werden sie denken. Aber wie kann das gelingen? Ich
weiß, diese Frage treibt viele um: in der Familie, in der
Pfarrgemeinde, in den Verbänden.

### Unterbrochener Staffellauf

Zuwendung der Generationen zueinander – offenbar ist
das schon damals nicht selbstverständlich gewesen. Der
Prophet sagt nicht: »Das ist bei uns so, ich erlebe das hier
in Israel.« Er sagt: »Dahin wird's kommen. Das ist ein
Zeichen der Heilszeit. Noch sieht's anders aus.« Aller-

132

dings, werden sie sagen. Das Verhältnis der Generationen hat sich in unserer Gesellschaft zugespitzt, auch in der Kirche. Im Staffellauf der Generationen ist eine neue Situation eingetreten.

Daß Jüngere noch nicht in den Startlöchern waren, daß einer das Holz bei der Übergabe fallen ließ, das hat es immer gegeben. Doch heute – so scheint es – stehen die Jüngeren ganz anderswo als dort, wo wir das Holz weitergeben möchten. Wie soll da die Übergabe stattfinden?

Vor einigen Wochen feierte ein bekannter Mann seinen 50. Geburtstag. Es wurden einige Reden gehalten, und am Ende sprach der Jubilar selbst: »Ich habe in meinem Leben viel erreicht. Ich habe Erfolg gehabt im Beruf. Ich bin gesund geblieben. Es geht mir gut. Eins ist mir nicht gelungen: den Glauben und die Werte, die für mich maßgebend sind, meinen Kindern weiterzugeben.« – Es wurde sehr still im Raum. Viele von ihnen könnten so sprechen. Wir, die in der Kirche Verantwortung tragen, sind oft ebenso ratlos.

Wie kommt es, daß das so ist? Haben die Eltern etwas falsch gemacht in der Erziehung? Waren sie nicht vorbildlich genug? Verstellt die Kirche, verstellen unsere Gemeinden, so wie sie sind, den Zugang zum Glauben? Fragen über Fragen. Wie finden wir Antwort?

*Eltern gefragt*

Kaum zu glauben: »Er wird das Herz der Väter wieder den Söhnen zuwenden und das Herz der Söhne ihren Vätern:« Vieles spricht heute dagegen. Mancher wird aus seiner Situation heraus sagen: »Da ist nichts mehr zu machen.« Wirklich nicht? Es muß nicht alles so bleiben, wie es ist. Gott läßt uns hoffen. Er selbst will die Wende herbeiführen, in uns und durch uns. Mit den Vätern und

133

Müttern möchte er beginnen. Das ist ungewöhnlich genug. In der Regel denken und handeln wir anders: »Sollen die jungen Leute erst einmal an unsere Tür klopfen. Wir sind ja schließlich die Älteren.« Hier steht's umgekehrt: Die Wende beginnt bei den Älteren. Wer sich darauf einläßt, muß versuchen, die jungen Leute in ihrer Situation zu verstehen.

– Sie wachsen heran in einer turbulenten Zeit mit tiefgreifenden wirtschaftlichen, kulturellen und sozialen Umbrüchen. Was sie in Familie, Schule und Kirche, im Freundeskreis oder bei der Arbeit erleben, ist kaum auf einen Nenner zu bringen. Einflußreiche Personen in Kultur und Politik, Publizistik und Sport geben in Wort und Tat zu erkennen, daß zentrale Werte menschlichen Zusammenlebens wie Treue und Wahrhaftigkeit für sie überholt sind. Wie sollen da die Jugendlichen zu einer Grundorientierung finden! Nicht selten sehen sie sich allein gelassen, erfahren die Welt der Erwachsenen als »fix und fertig« und sinnleer.

– Sie erleben ihre Ohnmacht gegenüber wichtigen Vorgängen und Forderungen in Staat und Gesellschaft. Sie können kaum Einfluß nehmen auf die Entscheidungen der Erwachsenen, aber die Folgen müssen sie tragen. Immer mehr resignieren, nehmen ihre Zuflucht zu Alkohol, Tabletten und Drogen.

– Die jungen Menschen lernen in unserer Gesellschaft wie von selbst das Verbrauchen, das Benutzen und Wegwerfen. Selbst ihre Freiheit wird zunehmend verplant und vermarktet. Zugleich wächst in ihnen die Sehnsucht nach dem, was mit Geld nicht zu haben ist: nach Freundschaft und Wärme, nach Verbundenheit mit der Natur, nach Gerechtigkeit und Frieden. Sie erleben sich hin- und hergerissen zwischen Haben und Sein.

– Die Eltern sind oft beruflich so in Anspruch genommen, daß ihnen wenig Zeit bleibt, sich ihren Kindern zuzuwenden. Die Zahl der Jugendlichen, die aus gestörten Verhältnissen kommen, wächst.

*Miteinander und gegenüber*

Wir dürfen vor der Situation, in der Jugendliche heute aufwachsen, nicht die Augen verschließen. Sind wir nicht selbst ohnmächtig und überfordert? Viele Eltern tun ihr Bestes und müssen doch erleben, wie ihr Bemühen scheinbar wenig bewirkt. Was richten wir da aus mit dem Prophetenwort: »Er wird das Herz der Väter wieder den Söhnen zuwenden und das Herz der Söhne ihren Vätern«? Das Wort läßt hoffen. Gott gibt uns nicht auf, weder die Jugendlichen noch die Erwachsenen. Es ist viel wert, wenn Eltern mit ihren Kindern, die eigene Wege gehen, in Verbindung bleiben, in Verständnis und Versöhnungsbereitschaft die Tür offen halten.

Keine Frage: Es geht um's Herz. Haben wir Erwachsenen ein Herz für die Jugendlichen? Gerade in einer solch offenen, widersprüchlichen und zerrissenen Welt brauchen sie Menschen, die zu ihnen stehen, ohne sie zu bevormunden. Nicht billige Anpassung ist gefragt, sondern Standfestigkeit und Klarheit. Jugendliche wollen ein kritisches Gegenüber, um daran wachsen und reifen zu können. Sie brauchen Menschen, die sie herausfordern und ihnen Möglichkeiten und Grenzen aufzeigen. Sie können von ihrem Alter her noch nicht die Mitte ihres Lebens gefunden haben. Es wäre schlimm, wenn sie schon alt wären und allzu ausgewogen. Sie wollen Neues entdekken, etwas ausprobieren, etwas riskieren.

– Jugendliche machen eigene Erfahrungen und haben Eigenes mitzuteilen. Erwachsene können von ihnen lernen. Statt auf sie einzureden, sollten wir hören. Statt sie sich selbst zu überlassen und sie abzuschreiben, sollten wir Konflikte austragen. Statt zu kontrollieren, sollten wir Vertrauen schenken. Wir müssen ihnen Freiräume für eigene Erfahrungen ermöglichen. In unseren Pfarr- und Jugendräumen sollten wir weniger Angst vor verschmierten Wänden haben als vor leeren Räumen.

– Die Fragen der Jugendlichen an die Kirche sind wesentlich Fragen an die Pfarrgemeinden. Können sie dort erleben, was Jesus gewollt hat? Finden sie Erwachsene, die ein offenes Ohr und ein offenes Herz für sie haben? Welche Rolle spielen sie im Pfarrgemeinderat? Werden sie ernst genommen, oder verfährt man nach dem Motto: »Kommt erst mal in unser Alter, ihr werdet euch die Hörner schon noch abstoßen.« Welchen Einfluß hat der Jugendsprecher? Kommt es zu Gesprächen mit den Jugendlichen, auch wenn keine Konflikte vorliegen?

– Das soziale Gewissen vieler Jugendlicher ist heute mehr geschärft und wacher als in meiner Jugend. Viele selbstlose Initiativen und Hilfsmaßnahmen zugunsten benachteiligter Minderheiten und Notleidender gehen von Jugendlichen aus. Ihr Engagement für die sogenannte Dritte Welt, für Behinderte und für den Umweltschutz ist oft erstaunlich. Wie reagieren wir darauf? Sagen wir: »Das sind Spinner!«? Oder versuchen wir, mit ihnen die Zukunftsfragen der Menschheit anzugehen?

– Es gibt viele Menschen in der Jugendarbeit, die sich als redliche Dolmetscher in den Dienst der Verständigung stellen. Sie haben es nicht leicht. Oft werden sie aus den eigenen Reihen mit Kritik überschüttet, gar als Brandstifter verdächtigt. Es wäre fatal, wenn wir Feuermelder mit Brandstiftern verwechselten.

## *Zukunftsfähigkeit*

Zuwendung der Herzen! Wir Erwachsenen sind aufgerufen, ein Bündnis *mit* den jungen Leuten zu schließen und nicht *gegen* sie. Wir sollten aufhören, die Spannungen von Jugend und Kirche und zwischen den Generationen zu beklagen. Es ist unsere Aufgabe, diese Spannungen fruchtbar zu machen. Unser Papst spricht von der »prophetischen Rolle« der Jugend in den Zukunftsfragen der Welt. Haben wir den Mut, jungen Menschen in unseren Gemeinden diese Rolle zuzugestehen!

Die Jugend ist in der Kirche unseres Jahrhunderts in vielen Bewegungen eine treibende Kraft gewesen. Sie hat ihre eigene Stimme, ihr eigenes Charisma, heilsam und unbedingt notwendig für das Ganze. Ahnen wir, was das für die Entwicklung der Kirche bedeutet, wenn sie heute immer weniger bei uns anzutreffen ist? Oft heißt es: Wer die Jugend hat, hat die Zukunft! Vielleicht sollten wir den Satz umkehren: Wer die Zukunft hat, hat die Jugend! Leben wir die Zukunft, die uns in Christus geschenkt ist? Jugend und Kirche, das ist eine Frage der Zukunftsfähigkeit unserer Kirche. Sie hängt ganz wesentlich daran, daß das Herz der Väter und Mütter sich wieder den Söhnen und Töchtern zuwendet und umgekehrt. Gott möge unser Herz bewegen.

# Jugend als Sauerteig

Schrifttexte: Mal 3,17f., 20.24; Mt 13,33
Predigt anläßlich des Jubiläums »40 Jahre BDKJ«

*Rückblick in Filzpantoffeln?*

»Mensch, du bist ja noch ganz der alte...« – Wir sehen uns wieder, wir erinnern uns: »ganz der alte, ganz die alte...« Ganz? Vielleicht nicht, hoffentlich nicht. Denn Veränderung muß sein. 40 Jahre nach der Gründung des BDKJ sind wir anders. Aber hoffentlich doch noch die alten, besser: die jungen. Das alte Feuer ist hoffentlich noch nicht verloschen oder in der Asche verglüht.

Sie haben als Leitwort für heute das Bild vom Sauerteig gewählt. Ein starkes Bild. Sauerteig: eine kleine Masse, die das Ganze zum Gären bringt; eine unscheinbare Kraft, die alles umtreibt. Wohl kaum jemand von uns wäre hier, wenn es in ihm damals nicht gegärt hätte.

1947 eine Zeit voller Gärungen. Die Unrechtssituation der Nazizeit, Verbot und Verfolgung, daraus wie im Feuer gehärtet Mut zum Widerstand. Je näher der Zusammenbruch kam, desto stärker wurde der Ruf nach neuem Leben, nach Freiheit, nach gerechter Ordnung. Kaum jemand hier unter uns, der damals nicht davon ergriffen wurde. Dann die Zeit des Aufbaues und der Konsolidierung. Von der Bewegung – Jugendbewegung – zur Statik. Statik ist für einen Hausbau nicht wenig. Die Notwendigkeit, Kompromisse zu schließen, mit all den Gefahren, sich kompromittieren zu lassen; das Aushalten der Spannung zwischen Bewegung und Stabilisierung, zwischen Aufbruch und Einrichtung.

15 Jahre danach das Konzil: Fast auf den heutigen Tag genau vor 25 Jahren die große Eröffnungsrede Johannes XXIII., sein theologisches Testament; 10 Jahre später die

Synode der deutschen Bistümer. Wir dürfen uns daran erinnern: ganz die alten – und gerade deswegen neu. Die Kirche von heute ist anders als die Kirche von 1947. Die Frage des Paulus »Wißt ihr nicht, daß ein wenig Sauerteig den ganzen Teig durchsäuert?« (1 Kor 5,6) dürfen wir mit Grund beantworten: Ja, wir wissen es; wir haben es erfahren; wir sind selbst – Gott sei Dank – betroffen!

Allerdings, diese Frage des Apostels hat einen kritischen, einen mahnenden Unterton! Sind wir noch ganz die alten? Oder haben wir uns eingerichtet? Sind wir müde geworden? Haben wir noch genug Gärungskraft? Sind aus den Turnschuhen von damals heute Filzpantoffel geworden unter unseren Füßen?

### Spannungen aushalten

Vor kurzem sagte mir ein Pfarrer, der sich in der Jugendarbeit müht: »Es ist so wie bei einem Schreinermeister, dem die Arbeit nicht mehr so recht Spaß macht; die Kinder übernehmen den Betrieb nicht; keine Zukunft.« Kein Wunder, daß sich Lustlosigkeit breitmacht. Nur noch müdes Weitermachen. Macht's uns noch Spaß – in der Kirche, in der Jugendarbeit, in den Gruppen und Strukturen? Viele Jugendliche wollen nicht mehr in das »Unternehmen Kirche« einsteigen. »Da siehst du alt aus«, sagen sie. Nicht mehr Sauerteig, sondern »sauer sein« – die Jungen auf die Alten, die Alten auf die Jungen. Dann reden wir schließlich wie Greise: »Laßt die erst einmal ausgären, die kommen auch noch in unser Alter! Die werden sich auch noch die Hörner abstoßen...!« Oder wir lassen sie einfach links liegen; wir überlassen sie sich selbst: »Sollen die doch bleiben, wo sie sind; irgendwann werden sie's schon merken oder auch nicht!« Wir gehen nicht auf ihre eigene Welt und Sprache ein, wir schotten uns ab, sind schließlich zufrieden mit einer Kirche der Alten.

Es gibt auch ganz anderes, wie wenn etwas von der Prophetie des Maleachi Erfüllung findet: »Er wird das Herz der Väter wieder den Söhnen zuwenden und das Herz der Söhne ihren Vätern...« (3,24). Zuwendung der Generationen zueinander, Verantwortung für die kommenden Geschlechter, Bereitschaft, sich zwischen Alt und Jung neu zu verständigen. Das meint keineswegs billige Anpassung, Aufgeben von Zielen und Normen, Flucht vor fälligen Spannungen und Auseinandersetzungen. Im Gegenteil: schöpferische Solidarität, Interesse für die unterschiedlichen Lebensgeschichten und Verantwortungsbereiche, Zusammenstehen in den großen Herausforderungen unserer Zeit: Wie können wir den Glauben weitergeben? Wie können wir unsere Verantwortung für die Schöpfung wahrnehmen, für den Frieden und die »eine Welt«?

Nicht nur in der Weltkirche, nicht nur in den »jungen Kirchen«, auch bei uns ist vieles in Bewegung, bei den Jungen und bei den Alten. Neue Bewegungen entstehen. Daß es dabei Konflikte gibt, kann ein Zeichen geistlicher Vitalität sein. Wie sonst reagiert die große Teigmasse auf den kleinen Sauerteig? Nicht flüchten und sich abschotten, sondern standhalten und durchgären. Sauerteig ist etwas anderes als ein Klumpen Gips.

## Christsein genügt

Das Evangelium ist ausgesprochen kühn: Wie selbstverständlich setzt es voraus, daß der Sauerteig da ist. Wir brauchen ihn nicht zu produzieren, er ist nicht unser Werk, unsere Leistung. Er ist da, weil Gottes Reich da ist in Jesus Christus. Der Sauerteig ist nicht das Ergebnis unserer Papiere und unserer Kopiergeräte. Er kommt nicht aus einer naturwüchsigen Jugendlichkeit. Er ist eine Gabe Gottes, eine Vorgabe für unser Denken und Tun. Er ist da, weil Jesus Christus da ist.

Wollen wir Sauerteig sein, dann kommt alles darauf an, daß wir uns ihm anpassen. Wenn wir ihm angepaßt sind, sind wir allemal auch zeitgemäß – gerade dann, wenn wir kritisch zum Zeitgeist stehen, wenn wir uns der Opfer annehmen, der Unterdrückten und Zu-kurz-ge-kommenen. »Mit Gott können wir nichts versäumen«, sagt Meister Eckehart. Das Gespräch mit anderen Positionen ist wichtig. Aber nicht die Verdoppelung dessen, was ohnehin der Fall ist, ist unsere Berufung. Nicht die Reproduktion allseits vorhandener Ratlosigkeit oder vorschneller Antworten. Wir leben als Christen nicht von Anleihen aus fremden Programmen. Das hatten die Christen gerade in der Nazizeit gelernt, und der Schwung von 1947 lebte von diesem Wissen. Christsein genügt! Nachfolge genügt. Aber dies konkret, im Sinne etwa des Prophetenwortes der Lesung. Also Respekt zwischen den Generationen, geduldiges, kritisches und solidarisches Hören aufeinander. Die Jugend hat eine eigene Stimme, sie hat in der Kirche ihr eigenes Charisma, unverwechselbar und heilsnotwendig für das Ganze.

Wir als »Hauptamtliche« sind geneigt, uns für den Sauerteig zu halten. Aber vielleicht gehören wir zur großen Masse derer, die des Sauerteigs bedürfen, die Angst vor Gärung haben, die abgebacken, abgebrüht und fertig sind. Wir können für andere nur Sauerteig sein, wenn wir uns selbst umtreiben und dehnen lassen! Viele heute sind gerade deswegen sauer, weil wir nicht Sauerteig sind.

Zum Bild des Sauerteigs gehört auch, daß er sich hineinverschwendet und »aufhebt« in das Ganze. Er behält sich nicht für sich, dann vergärt und verfault er. Das gilt auch für die Kirche, das gilt auch für die Jugendverbände, das gilt auch für uns. Wieviel Energie und Zeit vertun wir damit, daß wir uns bloß untereinander stabilisieren, kritisieren oder in Gremien und Papieren verwalten! Wie unbekümmert, wie unverschämt einfach, wie ohne Apparate und Papiere ging es damals! Gewiß: Alles ist komplexer, komplizierter und differenzierter geworden. Aber die Sache mit dem Sauerteig des Evangeliums ist und bleibt einfach – so einfach wie Wahrheit, wie Liebe, wie Lust am gerechten Leben für alle.

# Exodus

Schrifttext: Ex 3,7–12
Predigt anläßlich des Exodus-Kongreß der DPSG, Pfingsten 1988

Exodus – das ist ein Programm. Nicht nur ein Programm für die Tage hier und für den Aufbruch heute morgen. Nicht nur ein Programm für ein paar Wochen oder Monate. Exodus – das ist ein Lebensprogramm, ein Glaubensprogramm.

## *Aufbrechen – wohin?*

Aufbrechen, das ist gut. Die Frage ist nur: Wohin? Eine Erzählung aus der Weisheit Indiens hat mir zu denken gegeben: Ein Reiter, hoch zu Roß, jagt im Galopp über die Landstraße. Da ist ein alter Bauer auf dem Feld bei seiner Arbeit. Er richtet sich auf und ruft: »He, Reiter, wohin?« Der wendet seinen Kopf über die Schulter und schreit zurück: »Frag nicht mich, frag das Pferd.«

Ein gespenstisches Bild: Der Reiter – in rasendem Tempo – ohne Ziel. Wir sitzen ja heute nicht nur auf einer

Pferdestärke. Mit hundert und mehr PS jagen wir über die Straßen und durch die Luft. Wohin? »Frag nicht mich, frag die PS!?« Sind sie die Antwort? Ist die naturwüchsige Kraft, auf der wir uns treiben lassen, ist der sogenannte Fortschritt selbst das Ziel?

Er hat uns eine Fülle von Mitteln gebracht (die dürfen und wollen wir nicht verteufeln). Aber in der Frage nach dem Ziel sind wir ungewisser denn je. Wenn die Mittel sich verselbständigen und zum Ziel werden, wenn die Lebens-Mittel (Pferdestärken und welche Energien und Dinge auch immer) zum Ziel des Lebens werden, dann ist auf einmal der Teufel los. Dann enden wir mit allen Pferdestärken wie die Reiter des Pharao, von denen wir in der Lesung hörten, schließlich in den Fluten des Meeres, im Untergang. Wer nicht weiß, wohin er will, der landet schließlich dort, wohin er gar nicht wollte. Exodus, Aufbruch und Auszug ist gut. Die Frage ist nur: Wohin?

*In die Freiheit*

Das wußten die Israeliten genau. Sie wußten genau, wem sie den Rücken zuzukehren hatten: den Pharaonen, der Sklaverei. Und sie wußten genau, wen sie sich zuzuwenden hatten: Gott und der Freiheit. Sie kannten die Herren und Herrschaften in Ägypten, die sich wie Herrgötter gebärdeten und meinten, sie seien die Herren der Welt. Da gab's für sie nur eins: weg von da, Exodus!

Die Pharaonen sind nicht ausgestorben, weiß Gott nicht! Die gibt's auch heute noch. Und es ist gut, daß wir uns von den Herrgöttern heute nicht blenden und gefangen nehmen lassen, sondern sie im Namen Gottes entlarven. Im Namen Gottes! Gott bürgt für Freiheit. Wer Gott als den einzigen Herrn anerkennt, der macht Schluß mit der Herrschaft von Menschen über Menschen. Der weiß: Gott ist unser Vater, und wir sind seine Töchter und Söhne, Schwestern und Brüder untereinander. Es gibt keine größere Freiheit, als sie sich dem schenkt, der nur vor dem einen Herrn in die Knie geht und niemanden sonst anbetet.

Vor wem gehen wir in die Knie? Vor welchen Autoritäten und Instanzen beugen wir uns? Wer oder was nimmt für uns den Platz Gottes ein? Die Herren und Herrschaften der Welt oder irgendwelche Dinge, die uns faszinieren? Die Frage spitzt sich heute zu. Schon vor mehr als 40 Jahren schrieb Teilhard de Chardin: »Der Tag ist nicht mehr weit, an dem die Menschheit wählen kann zwischen Selbstmord und Anbetung.« Dieser Tag ist gekommen. Unsere Generation erfährt, was nicht zuvor möglich war: Die Menschheit ist durch Menschen vernichtbar geworden. Die Alternative heißt: Anbetung! »Du sollst den Herrn, deinen Gott, anbeten und ihm allein dienen!« (Lk 4,8). Wo Gott allein Herr ist, da ist die Herrschaft von Menschen über Menschen, die Herrschaft der Pharaonen und Herrgötter gebrochen. Das ist wie eine Befreiung, wie eine Erlösung.

## Vier Exodusregeln

Für den Exodus aus der Sklaverei mit Gott in die Freiheit – vier ganz einfache Regeln. Sie sind uns als Pfadfinder nicht fremd.

### 1. Solidarität

Aufbrechen, Exodus – nicht allein. Die Israeliten brachen gemeinsam auf, Jesus sendet seine Jünger zu zweit aus, hörten wir im Evangelium. Christen sind keine Einzelgänger. Die den Aufbruch wagen, halten Tuchfühlung nach rechts und links, haken sich ein. Das hat etwas mit Freiheit zu tun. Die Liebe ist der Weg zur Freiheit. Viele meinen, sie seien frei, wenn sie tun können, was sie wollen, und wenn sie nur das zu tun haben, was sie möchten. Freiheit ist für sie dann erreicht, wenn sie möglichst auf ihre Kosten kommen. Ob das gelingt? Freiheit ohne Solidarität ist der sicherste Weg in eine barbarische Sklaverei.

Exodus – ja! Aber nicht als Einzelgänger, sondern in Gemeinschaft, in Solidarität. Geschwisterlichkeit! Auch die, die nicht so recht mitkönnen, nehmen wir mit: die Behinderten. Westernohe erinnert uns daran. Wir wagen den Exodus gemeinsam, in der Gemeinschaft aller Völker, aller Rassen, in der Gemeinschaft von Mädchen und Jungen, von Männern und Frauen. Soviel habe ich in den mehr als 40 Jahren, in denen ich Pfadfinder bin, gelernt: Pfadfinderinnen und Pfadfinder sind keine Solisten!

## 2. Kein Ballast

Wenn man sich auf den Weg macht, sollte man möglichst wenig Gepäck mitnehmen. Jesus sagt das seinen Jüngern, wir hörten's eben. Ihr werdet schon Eure Erfahrungen mit diesem Wort gemacht haben. Ich hab's gelernt, auf vielen, vielen Wanderungen. Man nimmt schließlich immer noch zuviel mit. Vielleicht kommt's auch mit dem Alter, daß sich dann immer mehr ansammelt. Ist das nicht ein Problem unserer alten Kirche in Europa, daß sich bei ihr soviel angesammelt hat und daß wir soviel Ballast mit uns herumschleppen. Da hat uns die junge Kirche in den anderen Erdteilen vieles voraus.

Was sagt Jesus den Jüngern, den Zwölfen, als er sie aussendet? Nehmt nichts mit, nicht mal das Brot. Das bekommt ihr schon, das wird euch gegeben.

In einer Gesellschaft, in der das Haben, das Besitzen dominiert und Scharen von Besessenen produziert, ist es notwendig, daß junge Leute da sind, die sagen: Nein, danke, das alles ist es nicht. Weniger kann mehr sein! Lassen wir's, in Gottes Namen! Verzichten wir drauf. Das sind Zeichen der Freiheit. Sie lassen erkennen, welche Wahnsinnsformen das Leben uns erspart bleiben, wenn wir aus der Freiheit leben, die uns der Glaube schenkt. Werden wir die Erfahrung vermitteln können, daß weniger (an Sachen) mehr (an Freiheit, Unabhängigkeit, Beweglichkeit) sein kann? Wir haben die lautstarken Proteste gegen die bestehenden Verhältnisse noch in den Ohren. Ist das Unbehagen an diesen Verhältnissen so groß, daß wir mit der Revolution im eigenen Haus beginnen? Oder schaffen wir uns nur mit dem Blick auf das Ungenügen »der Kirche« ein Alibi, um von der Frage nach uns selbst abzulenken? Wir können teilen – ohne bischöfliche Genehmigung! Wir können einfach leben, ohne absolute Mehrheit im Pfarrgemeinderat. Wir können – wenn wir's können...

### 3. Keine Illusion

Keiner soll sich bei dem Exodus etwas vormachen. Exodus heißt: Wüste. Wer schon mal in der Wüste war, innerlich oder auch geographisch, der weiß, was das heißt.

Wüste, das heißt Durststrecken. Und dann kann's sein, daß man sich auf einmal daran erinnert: Mensch, war das doch schön in Ägypten. Da hatten wir alles, da saßen wir an den vollen Töpfen. Sicher, wir waren nicht frei, aber Freiheit hin, Freiheit her... Wir hatten jedenfalls genug zu essen.

Solche Leute gibt's auch in der Kirche. Sie haben den

146

Aufbruch zunächst mal mitgemacht, aber dann sehnen sie sich zurück und denken, wär's doch noch so wie früher, da war doch alles viel besser und schöner, an den Fleischtöpfen mit den vollen Kirchen...

Das ist verführerisch, aber das ist nicht der Exodus. Wir müssen den Aufbruch neu wagen, dürfen uns von den Unkenrufen nicht beirren lassen. Auch nicht von denen, die alles, auch in der Kirche, miesmachen wollen. Mir fiel auf: Was war das doch für ein Aufbruch der Israeliten! Die haben Lieder gesungen! Manche davon klingen uns bis heute in den Ohren. Wir werden sie gleich zur Gabenbereitung wieder singen. Bei all den Kalamitäten: nicht das Ganze vermiesen. Wer dauernd nur miesmacht und wer sich am Ende selbst nicht mehr riechen kann, der stinkt auch anderen.

## 4. Innehalten

Auf dem Weg gibt es Stationen, und eine Station für uns hier jetzt ist Westernohe, konkret in dieser Stunde die Eucharistiefeier. Wir brechen das Brot im Gedenken daran, daß Jesus das Brot gebrochen hat: für euch und für alle, für die ganze Welt. Er hat sich brechen lassen, am Kreuz, sich mit-geteilt. Daran denken wir jetzt. Im Zeichen des gebrochenen Brotes, in der Hingabe bis zum Letzten, ist das Leben zu finden. Das ist der Aufstand, die Auferstehung gegen ein Leben, das sich selbst genügt, das nur auf seine eigenen Kosten kommen will. Christus ist der Ursprung eines Lebens in Freiheit. Er ermutigt uns, Freiheiten zu wagen, die in unserer Gesellschaft immer mehr an den Rand gedrängt oder verraten werden:

– Die Freiheit, Mensch zu sein und sich nicht »wie ein Herrgott« zu gebärden;

– die Freiheit, das »Jeder ist sich selbst der Nächste« zu durchbrechen und anderen zum Nächsten zu werden bis in die fernsten Länder;
– die Freiheit, nicht das Recht des Stärkeren auszunutzen, sondern den Schwächeren zum Recht zu verhelfen;
– die Freiheit, sich einzuschränken, um anderen zu dienen;
– die Freiheit, sein Leben einzusetzen für die Befreiung anderer.

Sind wir so frei? Ich wünsche es uns!

# Die bunte Gnade

Schrifttext: Mt 5,1–12
Predigt zur Kiliani-Jugendwallfahrt, Würzburg 1989

## Das Leben – ein Geschenk

LEBEN – das Wort steht ganz groß auf den Plakaten, die zur Wallfahrt eingeladen haben. Leben wird groß geschrieben, allgemein in unserer Gesellschaft, und – mancher wird's nicht recht glauben – auch und gerade in der Kirche. Leben wollen wir alle, möglichst gut, möglichst lange. Wir wollen etwas haben vom Leben. Wir wollen immer mehr haben vom Leben, wir wollen möglichst viel haben vom Leben.

»Hast du was, dann bist du was!« Oft stehen wir vor einem Schaufenster, sehen dort irgendetwas und denken: »Wenn du das hast, dann kannst du leben.« Und dann haben wir es, und nach einiger Zeit müssen wir es abstauben, ein toter Gegenstand. – Das Leben ist nicht zu haben. Es ist ein gewaltiger Unterschied zwischen Haben und Sein. Das Leben kann man nicht mitnehmen und denken, jetzt hast du's!

Manchmal sagen wir Älteren euch, den jungen Leuten: »Paß auf, das Leben ist hart. Du mußt es dir teuer erkaufen, es wird dir nichts geschenkt.« Stimmt das? Leben – erkaufen? Sicher, Leben ist Werk, Leben ist Arbeit, Lebenswerk, Leistung. Und doch, was können wir da schon kaufen? Nicht eine einzige Elle können wir unserem Leben zusetzen, heißt es im Evangelium. Das Leben kann man nicht kaufen. Es ist unbezahlbar, wie ein Geschenk des Himmels, mehr Gabe als Werk, mehr zu empfangen als zu machen.

Das Leben kann man nicht machen. Manche versuchen es. »Der produziert sich selbst«, sagen wir. Jeder weiß, wie das ist, wenn jemand sich selbst produziert: Es ist zum Lachen bzw. zum Weinen. Das Leben können wir uns nicht selber machen. Jeder von uns ist empfangen. Damit fängt es an, unser Leben, unser Dasein. Niemand hat sich selbst gemacht. Das Beste am Leben ist Geschenk.

Leben, das Wort steht dort auf dem Plakat groß geschrieben – mit guten Gründen. Das Leben ist ein Geschenk wie die Liebe. Machen kann man sie nicht, aber empfangen. Daß wir geliebt werden, daß wir über den Augenblick hinaus endgültig und absolut von Gott geliebt sind, das können wir nicht machen, das ist buchstäblich ein Geschenk des Himmels.

Das Leben – ein Geschenk. Damit fängt's an, damit fängt die Bergpredigt an. Sie steht über diesem Gottesdienst zum Thema Leben. Die Seligpreisungen haben wir soeben gehört. Und mancher wird vielleicht denken: Bergpredigt, da geht's hart ran. Da wird auf die Pauke gehauen. – Fehlanzeige. Das erste Wort ist: Selig, glücklich bist du, von Gott geliebt. Nicht, weil du es zu etwas gebracht hast, nicht weil du etwas geschaffen hast in deinem Leben, sondern einfach so – aus Gnade. Du bist, so wie du bist, unendlich wichtig für Gott, mit deinem Leben. Das ist das A und O des Evangeliums. Wer das nicht erfahren hat oder zumindest eine Ahnung davon bekommen hat, hat vom Glauben noch nicht viel erfahren. Wer meint, es ginge nur um das »Du mußt«, »Du darfst nicht«, »Du sollst«, der hat von Jesus noch nicht viel verstanden. *Das* ist nicht das erste, im Leben nicht und im Glauben nicht. Im Leben, das der Glaube verheißt, heißen die ersten Worte: Selig bist du. Du bist von Gott gewollt. Gott sei Dank, daß es dich gibt.

## Wir sind getragen

Es gibt eine schöne Fabel. Oft erzähle ich sie mir selbst. Diese Fabel spricht von zwei Vögeln. Der eine Vogel liegt auf dem Rücken und hat die Beine starr gegen den Himmel gestreckt. Da kommt ein anderer Vogel vorbeigeflogen und sagt: »Was ist denn mit dir los, du spinnst wohl. Was liegst du auf dem Rücken und hast die Beine gegen den Himmel gestreckt. Was soll das?« »Ja,«, sagt der andere, »ich muß mit meinen Beinen den Himmel tragen. Wenn ich sie zurückziehe, stürzt der Himmel ein.« Er sagt's, und in dem Moment kommt ein Windstoß, geht durch den Baum und die Blätter rascheln. Der Vogel bekommt's mit der Angst zu tun, dreht sich um und fliegt – so schnell er kann – weg. Der Himmel aber bleibt an seinem Ort.

Die beiden Vögel: Der eine, der meint, er müsse den ganzen Himmel tragen – und beim ersten Windstoß vergeht er vor Angst. Der andere, der sich seinem Element überläßt, der weiß, daß er getragen ist, er hat die Flügel frei. »Schaut euch die Vögel an«, sagt Jesus in der Bergpredigt. Ihr seid getragen. Ihr seid gewollt. Gott sagt ja zu euch. Selig seid ihr. Dadurch fängt das Leben eigentlich erst an. Dadurch ist man frei von der Last, sich das Leben selbst besorgen zu müssen.

Wir sind getragen. Wer sich getragen weiß, dem sitzt nicht mehr die Angst im Nacken wie dem Vogel, der große Töne spuckt, daß er den ganzen Himmel und die Welt tragen will und dann beim ersten Windstoß eine Heidenangst bekommt. Seltsam – Heidenangst. Habt Ihr schon mal überlegt, weshalb wir, wenn wir Angst noch steigern wollen, das mit »Heiden« verbinden? – Wer nicht mehr daran glauben kann, daß er getragen ist, wer sich nicht mehr seinem Element überlassen kann, der bekommt's mit der Heidenangst zu tun.

## Bewegende Visionen

Du bist bejaht, darauf darfst du vertrauen. Gott sagt ja zu dir. Du bist geliebt, endgültig. Wenn man davon ausgeht in seinem Leben, dann geht's hinaus aus dem grauen Einerlei, dann bekommt das Leben Farbe. – Die Bergpredigt, die Seligpreisungen vorneweg, malen das aus. Sie entwerfen Hoffnungsbilder, wie man leben kann. Wenn ich davon ausgehe, daß Gott ja zu mir sagt, dann wird manches möglich, was sonst unmöglich erscheint.

Selig, die arm sind vor Gott. Arm – das darf doch nicht wahr sein! Arm – wer will arm sein? Aber wenn Gott der größte Reichtum wird, kann man auf vieles verzichten, wie man ja auch, wenn man sich auf den Weg macht, wie wir das heute morgen getan haben, vieles lassen kann. Da braucht man gar nicht viel, nur sein Handgepäck. Was schleppen wir doch sonst alles an Ballast mit uns herum. In der Kirche und wir selbst – viel zu viel Ballast. Würden wir doch mehr lassen und arm werden vor Gott. Das gibt

Freiheit, innere und äußere Freiheit. Dann ist man nicht mehr von Konsumzwang und anderen Zwängen besessen.

Selig, die keine Gewalt anwenden, die das nicht nötig haben, die nicht nach dem starken Mann rufen müssen. Selig, die es gewaltlos versuchen und so Frieden stiften. In einer Gesellschaft, in der jeder möglichst viel »kriegen« will, können schließlich alle nicht genug »kriegen«. Das Wort ist entlarvend. Es zeigt, wo die Wurzel des Krieges sitzt. Indem jeder vom anderen nur kriegen will und schließlich auch noch den anderen kriegen will, entstehen die Kleinkriege und am Ende die Großkriege.

Selig, die hungern und dürsten nach der Gerechtigkeit. Selig, die nicht nur hungern und dürsten, um satt zu werden und sich vollaufen zu lassen. Selig, die hungern und dürsten, daß es gerecht zugeht unter den Menschen, daß es nicht nur hier unter uns, sondern in der Welt gerecht zugeht. Und selig, die dafür Verfolgung erleiden. Da heißt es Farbe bekennen! Nicht so wie ein Chamäleon, das sich immer schlau der Farbe der Umgebung anpaßt, so nicht. Farbe bekennen, das geht bis hin zum Rot, der blutig roten Farbe des heutigen Tages und Festes des Märtyrers Kilian. Die Seligpreisungen verschweigen die dunklen, tiefen Farben in unserem Leben nicht: das Leiden, die Trauer. Denn auch sie, die dunklen Töne, sind Ausdruck der Liebe: »Du, ich mag dich leiden...«. Seltsam, wenn ich meine Liebe ausdrücken möchte, sage ich: »Ich mag dich leiden.« Darunter geht's nicht.

Die Seligpreisungen werden so zu Hoffnungsbildern, wie die ganze Bergpredigt. Sie werden zu Visionen, die Menschen in Bewegungen setzen.

*Farbenfreude*

Farbige Bilder. »Malen mußt du«, steht da auf dem Programmheft! Das »muß« gefällt mir nicht. Wir *dürfen* malen, wir haben die Farben, und wir sind eingeladen zu malen, mit allem was wir haben. Die Visionen sind da. »Wenn viele gemeinsam träumen«, haben wir eben gesungen, »wird's Wirklichkeit!« Dann bekommen wir Farbe in die Kirche und in unser Leben.

Können wir uns ausmalen, wie das ist, wenn man sich auf den Weg Jesu einläßt? Ein farbiges Bild. Wenn ihr in den Dom guckt, jetzt hier, die Kleider, jeder anders, alle Farben, alle Schattierungen. Aber das ist nicht eigentlich das wichtigste. Jeder ist anders. Schaut euch doch mal an: jeder den Nachbarn oder die Nachbarin. Jeder ein Original, farbig, die Haare anders, die Augen, die Haut. Gott sei Dank, daß wir diese Farbigkeit hier im Gottesdienst haben – schwarz und weiß und die anderen Hautfarben dazu. Wunderbar, daß es das gibt. So hat Gott sich die Kirche gedacht, nicht einfallslos, nicht Abziehbilder, jeder ein Original! Und das darf er einbringen in die Kirche. Dazu ist er gerufen. Daß wir doch um Gottes willen nicht dem Trend zur Uniformität und Gleichschaltung folgen. Das ist nicht im Sinne Jesu.

Es gibt im ersten Petrusbrief ein schönes Wort: »Dient einander mit der bunten Gnade, die Gott euch gegeben hat, jeder auf seine Art.« Bunte Gnade! Gnade ist farbig. Diese Farbigkeit, die auf den Plakaten sichtbar wird – darum geht's! Und mehr noch natürlich, daß wir uns die Farben nicht nur von den Plakaten und von der Mattscheibe vorservieren lassen, sondern daß wir unsere eigene Farbe mit einbringen ins Leben, in die Kirche. Dann kommen wir auch von der Schwarzweißmalerei weg: Da sind die einen damit beschäftigt, alles nur weiß zu machen, als sei die Kirche eine Weißwäscherei, und die anderen sind beschäftigt, den Teufel an die Wand zu malen und alles nur schwarz zu sehen und mies zu machen. Wer sich selbst nicht riechen kann, der stinkt auch anderen.

Die bunte Gnade, die Farbigkeit! Farbtopf Leben, jeder hat ihn bekommen, von Gott. Jeder darf ihn einbringen, so originell wie möglich. Wenn jemand aus dem Urlaub kommt und sich gut erholt hat, dann sagen wir: »Mensch, du hast Farbe bekommen.« Wunderbar. Das gilt noch viel mehr von den Farben, die wir von Gott bekommen haben. Und jetzt: »Mal doch! Bring die Farbe ein!« Daß es farbig wird in der Kirche! Von der Musik her, von den Blumen, von den Bildern, von den Menschen! Eine farbige Gesellschaft! Das will Jesus. Fangen wir also an.

# VII

# Weltweite Verantwortung

## Sind wir der Wende gewachsen?

Silvesterpredigt 1989 im Frankfurter Dom

Jahreswende, das Jahr wendet sich von 1989 nach 1990, in ein neues Jahrzehnt, das letzte in diesem Jahrhundert, das letzte in diesem Jahrtausend.

Jahreswende heute abend – es gab 1989 wichtigere Wendepunkte für die Geschichte unseres Volkes und anderer Völker, ja der ganzen Welt: die Wende in der DDR im November, vorher in Polen, in Ungarn, später in der CSSR und schließlich in Rumänien, der Besuch Gorbatschows beim Papst – historische Wendepunkte. Sie können dem kommenden Jahrzehnt ein anderes Gesicht geben als dem, das hinter uns liegt:

mehr Freiheit und weniger Unterdrückung,
mehr Selbstbestimmung und weniger Bevormundung,
mehr Friede und weniger kalter Krieg.

Was sagen wir? Wie reagieren wir darauf? Tragen wir den Aufbruch nach Kräften mit, oder schauen wir ihn uns nur an, aus der Ferne? Sind wir der Wende gewachsen, nicht nur mit unserer Wirtschaftskraft – ihre Bedeutung ist gar nicht zu übersehen –, sondern auch und vor allem mit unserer Sinngebungskraft. Wir werden die Wende nur dann verstehen und mitvollziehen können, wenn wir nicht schnell darüber weggehen, sondern die Ereignisse wie im Rückspiegel einholen und im Auge be-

halten. Dazu lädt uns diese Stunde ein. Wir haben allen
Grund zu danken. Wer hätte das gedacht, als wir im
vorigen Jahr Silvester hier im Dom zusammen waren?
Unglaublich!

## Wem verdanken wir die Wende?

Den Politikern? Ihre Arbeit dürfen wir nicht schmälern.
Aber die Wende ist nicht am Reißbrett konzipiert, sie ist
nicht nach einem Generalstabsplan abgelaufen. Zu viele
sagen jetzt: ›Wir haben's ja immer gewußt!‹ – Wer hat's
gewußt, geahnt, noch vor wenigen Monaten? Und wer
weiß, wie die Entwicklung weitergeht? Sind wir so sicher,
daß die Wende gelingt? Neue Aufbrüche sind sehr verletzlich, haben viele offene Flanken. Werden wir in die
Bresche springen?

Wem haben wir die Wende zu verdanken? Den Frauen
und Männern, die ihr Leben eingesetzt haben und unver-
mummt mit erhobenem Haupt auf die Straße gegangen
sind, nicht mit Maschinengewehren und Panzern, sondern mit leeren Händen, oder mit Kerzen in den Händen,
einfach entwaffnend.

Wem haben wir die Wende zu verdanken? Denen, die
sich nicht angepaßt haben, die den Kopf hingehalten
haben, die jahre- und jahrzehntelang gedeckelt wurden,
die lieber in den Kerker gingen, als daß sie sich selbst
verraten hätten: Menschen wie Sacharow und Kardinal
Mindszenty. Die Geschichte der Freiheit beginnt da, wo
der Unfreiheit wirklich standgehalten wird. Die Wende
kommt nicht durch die Wendehälse (die Vögel, die ihren
Kopf um 180 Grad drehen können, ohne sich sonst zu
bewegen), sondern durch die Leidtragenden, nicht zuletzt
durch die Opfer. Sie wächst aus der Leidensgeschichte
geschundener Menschen. Gewaltlosigkeit ist nicht

schmerzfrei zu gewinnen. Sie steht nicht im Zeichen des Lorbeerkranzes, sondern der Dornenkrone.

Wem haben wir die Wende zu verdanken? Sagen wir einfach: ›Das ist halt so, eine glückliche Fügung! Glück gehabt!‹ Ist das alles? Manchem Politiker rutscht in diesen Wochen etwas verstohlen das Wort ›Gott‹ heraus, auch wenn er sonst von Gott lieber schweigt. Ist Gott am Werk? Auch die gelungenste Revolution ist nicht Gott. Das Heil ist nicht von geschichtlichen Prozessen zu erwarten. Gott ist nicht die Geschichte, und die Geschichte ist nicht Gott. Wir dürfen die geschichtlichen Prozesse nicht fromm vereinnahmen und im Handumdrehen »Gott« daraus machen. Aber die Zeichen der Zeit sollen wir erkennen, Spuren Gottes lesen in den Ereignissen und geschichtlichen Prozessen.

Als ich vor einigen Wochen in der DDR war, habe ich immer wieder gehört: ›Unglaublich‹, ›wie ein Wunder‹, ›das hätte keiner von uns gedacht‹, ›nicht zu fassen‹. Ein Freund erzählte mir diese chassidische Geschichte: Ein junger Mann kommt zu einem Rabbi mit der Frage: »Was kann ich tun, um die Welt zu retten?« Der Weise antwortet: »So viel, wie du dazu beitragen kannst, daß morgens die Sonne aufgeht.« – »Aber was nützen dann all meine Gebete und meine guten Taten, mein ganzes Engagement?«, fragt der junge Mann. Darauf der Weise: »Sie helfen dir, wach zu sein, wenn die Sonne aufgeht.«

*Was erwarten wir?*

Der Aufgang der Sonne ist nicht unser Werk. Aber wir dürfen ihn miterleben, uns darüber freuen. Sind wir hellwach? Sind wir ganz dabei? Sind wir der Wende als Kirche mit unserer Glaubenskraft gewachsen?

Wir sind jahrzehntelang gegen den Kommunismus zu

Felde gezogen. Jetzt ist er abgewirtschaftet und bankrott. Für viele war er der Inhalt ihres Lebens. Für sie bricht jetzt eine ganze Welt zusammen. Was tritt an die Stelle? Wer wird das Sinnvakuum einnehmen? Sind wir Christen so überzeugend? Sind wir der Wende gewachsen?

Die Kirche ist nicht in bester Verfassung, jeder weiß das, mit all den Auseinandersetzungen im vergangenen Jahr von der Kölner Erklärung bis zum Läuten in den letzten Tagen. Viele sagen: Sie sieht alt aus ... Die Jugend tut sich schwer mit der Kirche, die Frauen tun sich schwer mit der Kirche, die Gescheiterten tun sich schwer mit der Kirche, und die Kirche tut sich schwer mit ihnen. Sind wir so mit uns selbst beschäftigt, daß wir den Sonnenaufgang verpassen? Wer den Kopf hängen läßt, sieht die Sonne nicht. Sehen wir die Sonne? Haben wir noch Visionen? Eine Kirche ohne Zukunftsvisionen ist tot!

Manchmal, in einer ruhigen Stunde, frage ich mich: Was erwartest du eigentlich noch? Ich merke, wie meine kleine Welt an den eigenen vier Wänden endet und ich oft genug damit zufrieden bin, wenn es dort so läuft, wie es halt eben läuft. Ich frage mich: Ist das alles? Das kann doch nicht alles sein! Das Beste liegt immer noch vor uns! Ich sehe die Bibel, ein Buch voller Hoffnungen, voller Visionen, meinen eigenen Erwartungen unendlich weit voraus. Erwartungen, die weit über meinen Kirchturm hinausgehen, die die ganze Welt betreffen. Die Prophetenlesungen in der Advents- und Weihnachtszeit haben uns solche Visionen vor Augen gestellt. »Wir erwarten einen neuen Himmel und eine neue Erde, in denen die Gerechtigkeit wohnt« (2 Petr 3,13).

*Lichtblick*

Das erwarten wir, nicht indem wir die Hände in den Schoß legen, sondern tun, was wir können, um wach dabei zu sein. Christen sind nicht so einfallslos, als daß ihnen für die Zukunft nichts anderes einfällt als die vorhandenen Verhältnisse. Sie stellen sich die Welt von morgen nicht vor als Fortschreibung der bösen Erfahrungen von gestern. Uns fällt im Namen Gottes anderes ein, Neues. Und diese Visionen verbinden wir mit den Bildern, die wir in den letzten Wochen und Monaten gesehen haben.

Christen haben sich in kleinen Gruppen in Kirchen zum Friedensgebet versammelt. Sie haben über Jahre hin die Hoffnung nicht aufgegeben. Sie haben die Kirche als Freiraum erlebt, als einen Ort, der hoffen läßt. Und dann sind sie nach draußen auf die Straße gegangen, mit Kerzen in den Händen, haben Lichtketten gebildet, so daß andere aufmerksam geworden sind und gesagt haben: Mensch, ein Lichtblick, wie wenn die Sonne aufgeht.

Diese Erfahrungen, diese Bilder möchte ich nicht vergessen: die reale Vision einer Revolution, ohne daß ein Schuß gefallen ist. Das läßt hoffen! Gewaltlosigkeit ist keine Spinnerei, sie kann Geschichte machen. Die Gewaltlosen können stärker sein als die Gewalttätigen. Die Abrüstung hat größeres Recht als die Aufrüstung.

Sind wir als Kirche der Wende gewachsen? Es ändert sich viel. Ändern wir uns auch? Nicht nur drüben, auch bei uns muß es zu Veränderungen kommen, in der Art, wie wir leben, wie wir mit den anderen, mit uns selbst und mit der Natur umgehen. Wie müssen anders leben, damit andere leben können. Werden wir unsere Türen öffnen, Wohnraum teilen, Besitz teilen, Zeit teilen?

Es ändert sich viel. Jemand sagte mir: »Bislang haben

159

wir zu Weihnachten ein Paket nach drüben geschickt.
Jetzt erreicht uns ein Telegramm: Wir kommen!« Wenn
sie mit uns bei uns unterm Christbaum sitzen – zunächst
ist die Freude groß, aber auf Dauer? Werden Fremden-
haß und Fremdenangst bei uns zunehmen? Werden die
zunehmen, die daraus politisches Kapital schlagen? Was
ist mit unserer Einstellung zu den Ausländern und Asyl-
bewerbern? Werden wir neue Mauern errichten, nachdem
alte durchbrochen sind? Werden der Westen und der
Osten fähig sein, sich gemeinsam dem Süden zuzuwenden?

Sind wir der Wende gewachsen? Die Kirche steht und
fällt mit Jesus Christus. Sie steht und fällt mit der Wende,
die Jesus gebracht hat. Sind wir der Wende Jesu gewachsen? Ihr folgend drehen wir uns nicht mehr um uns selbst,
auf unsere Eigeninteressen fixiert, sondern als Schwestern und Brüder drehen wir uns gemeinsam um Gott als
unsere Mitte. Das Reich Gottes zu hoffen wagen, heißt
immer, es im Blick auf die anderen zu hoffen und darin
für uns selbst. Erst wo unsere Hoffnung für die anderen
mithofft, hört sie auf, kleinkariert und ängstlich zu sein
und verheißungslos unseren Egoismus widerzuspiegeln.
Wir dürfen doch um Gottes willen unsere besten Kräfte
und Hoffnungsenergien nicht für uns selbst oder gegen
uns selbst vertun. Wenn wir am Ende zu einer x-beliebi-
gen Interessengemeinschaft verkommen, sind wir keine
Hoffnungsgemeinschaft mehr. Sind wir der Wende gewachsen, der Wende Jesu? Gott gebe es.

## »Mein Vater war ein heimatloser Aramäer...«

Predigt im Gottesdienst anläßlich der Europäischen Konferenz
›Justitia et Pax‹ 1987

»Einwanderer – ausländische Arbeitnehmer – Flüchtlinge«. Ein brennendes Thema, das Sie sich in Ihrer diesjährigen Konferenz gestellt haben. Warum beschäftigen
wir uns damit? Weil es »in« ist, darüber zu sprechen?
Weil progressive Gruppen sich halt damit beschäftigen?
Wenn wir nur das zu sagen hätten, was andere auch
sagen, sollten wir lieber schweigen. Die Welt braucht
keine Verdoppelung ihrer Ratlosigkeiten durch Religion.
Sie braucht die Sprengkraft gelebten christlichen Glaubens. Die schulden wir ihr, auch und gerade in dieser
Frage.

*Unterwegs*

»Mein Vater war ein heimatloser Aramäer. Er zog nach
Ägypten, lebte dort als Fremder...« (Dtn 26,5). So beginnt das Gebet, mit dem der Israelit vor den Altar tritt.
Daß er inzwischen im Fruchtland am Jordan wohnt und
Heimat von Gottes Gnaden gefunden hat, läßt ihn nicht
vergessen, woher er kommt und aus welcher Geschichte
er lebt. Er trägt das Nomadendasein in sich. Stets neu
wird er sich vor Gott bewußt, daß er unterwegs ist. Heimat im Sinne einer dauernden Bleibe ist seine tiefste
Sehnsucht. Das Hier und Jetzt ist kein garantierter Besitz, schon gar nicht Privatbesitz aus eigener Leistung,
sondern eine Station auf dem Weg.

Das Alte Testament ist voll Auswanderungs- und
Exilserzählungen. Das beginnt mit Abraham: »Zieh weg
aus deinem Land, von deiner Verwandtschaft und aus
deinem Vaterhaus...« (Gen 12,1). Stämme Jakobs ziehen

nach Ägypten, geraten dort in die Knechtschaft, werden durch Gottes Tat aus der Sklaverei der Pharaonen befreit und machen sich auf den langen Weg (Exodus) durch die Wüste ins Gelobte Land. 587 wird Jerusalem erobert, Israel wandert ins Exil nach Babylon. 70 nach Christus wird der Tempel erneut und endgültig bis auf die Grundmauern zerstört, Israel zerstreut. – Kaum ein Volk ist durch das Unterwegssein so geprägt wie das alttestamentliche Gottesvolk. Und auf all diesen Wegen zwischen Aufbruch und Heimkommen, zwischen Fremde und Bleibe wird immer klarer, wer der wahrhaft rettende Gott ist: Jahwe selbst ist mit seinem Volk unterwegs. Er geht all die Wege mit – auch ins Exil. Seine »Beweglichkeit« ist Ausdruck seines Wesens, seiner Wegtreue und seiner Freiheit. Er, der sich zurückgenommen hat, um allen Platz zu schaffen und also die Welt als Lebensraum für alle Menschen entstehen zu lassen, ist nicht selbstsüchtig mit sich beschäftigt, sondern mit uns unterwegs.

*Ein Wanderprediger*

In diese Geschichte tritt Jesus ein. Sein Leben beginnt mit der Herbergssuche. Unterwegs kommt er zur Welt: »Er kam in sein Eigentum, aber die Seinen nahmen ihn nicht auf…« (Joh 1,11). Schon bald muß er vor dem politischen Druck des Herodes nach Ägypten in Sicherheit gebracht werden. Er geht ins Exil. Er geht denselben Weg wie das Volk, zu dem er gehört, nach Ägypten und von dort ins Land der Verheißung zurück. Jesus ist zeit seines Wirkens unterwegs gewesen von Ort zu Ort, wie ein Wanderprediger. Er hat mit seinen Jüngern die Fremde zu spüren bekommen: »Der Menschensohn hat keinen Ort, wo er sein Haupt hinlegen kann« (Mt 8,20).

*Nur Gast auf Erden*

Die Gemeinde Jesu weiß, daß sie in seiner Nachfolge allemal in der Fremde ist. »Wir sind nur Gast auf Erden...« Wer die Heimat hier und jetzt zum ewigen Privatbesitz oder zur unwiderruflichen Erbpacht erklärt, der überschätzt sich selbst und die Gestalt dieser Weltzeit. Wir sind unterwegs. Diese Erde ist nicht unsere ewige Heimat. Weil wir selbst »Fremde und Gäste sind in dieser Welt« (1 Petr 2,11), dürfen wir den Fremden nicht abweisen. Er ist Mensch wie wir. Und er trägt die Züge Christi: »Ich war fremd, und ihr habt mich aufgenommen« (Mt 25,35).

Unsere Verantwortung für die Fremden und Flüchtlinge, für die sogenannten Ausländer erschöpft sich nicht in moralischen Appellen, die von außen an uns herankommen und uns zur Wohltätigkeit mahnen. Es geht vielmehr um unsere christliche Identität. Christen sind Menschen unterwegs: »Sie wohnen zwar in ihrer Heimat, aber wie Zugereiste aus einem fremden Land. An allem haben sie teil wie Bürger, ertragen aber alles wie Fremde. Jede Fremde ist ihnen Heimat und jede Heimat Fremde...« (Diognetbrief). So heimatlich diese Erde für uns ist und sein kann, wir haben hier keine bleibende Stätte, wir erwarten »die Stadt mit den festen Grundmauern, die Gott selbst geplant und gebaut hat« (Hebr 11,10). Je etablierter wir hier sind, desto härter und stumpfer werden wir gegenüber Menschen aus anderen Ländern. Wie unbeweglich, wie festgelegt sind wir eigentlich, wie sehr verfallen dem Wahn, hier und jetzt schon zu Hause zu sein und dieses Haus als Privateigentum nur für uns allein zu betrachten? Nehmen wir teil an Gottes schöpferischer Liebe, die anderen Platz macht und Raum einräumt?

Dieses Mahl hier ist eine Station auf unserem Weg. Jesus geht mit uns wie mit den beiden Jüngern von Jerusalem nach Emmaus. Er kehrt mit uns ein und bricht uns das Brot: Stärkung auf dem Weg, Weg-Zehrung.

## »Laß sie nicht allein«
Schrifttext: Mt 22, 34–40
Predigt zum Sonntag der Weltmission 1987

*Alleingelassen*

»Laß sie nicht allein«, das ist gut gesagt. Viele Menschen sind allein und alleingelassen. Das läßt sich gar nicht übersehen und überhören. Die Sprache verrät uns: »Alleinstehende«, sagen wir. Ahnen wir, was das heißt? Über 12% der Bundesbürger sind alleinstehend. Ihre Zahl wächst in den Großstädten auf über 20%. Es ist nicht nur der Tod, der Menschen auseinanderreißt und alleinläßt. Alleinstehend – wer weiß, was alles dahinter steht: zerbrochene Beziehungen, enttäuschte Hoffnungen. Der eine verläßt den anderen, läßt ihn sitzen oder hängen, mutterseelenallein...

Oft leben wir so vor uns hin und merken gar nicht, wieviel Menschen um uns herum allein sind, in nächster Nähe und in der weiten Welt. Wir schauen auf unseren eigenen Kirchturm, aber nicht darüber hinaus. Wir gehören zwar zur weltweiten katholischen Kirche, aber man merkt wenig davon, daß die Brüder und Schwestern in den anderen Erdteilen zu uns gehören. »Laß sie nicht allein«, dieses Wort will unsere Augen und unser Herz auf alle die richten, die in den verschiedenen Ländern der Dritten Welt den Glauben an Jesus Christus bezeugen.

164

»Laß sie nicht allein« – das ist leichter gesagt als getan. Das geht nicht auf Befehl. Wie denn?

*Ein Geschenk des Himmels*

Das Wichtigste im Leben können wir nicht selber machen. Es wird uns geschenkt. Das Leben ist nicht unser Werk. Wir empfangen es. Keiner von uns hat sich selbst gemacht. Wir sind von Anfang an Empfangene. Wir kommen zur Welt, weil wir geliebt sind.

Die Liebe ist nicht unser Werk. Zwei Menschen, die sich lieben, können sich fragen: Wie kommt das eigentlich, daß wir uns verstehen, daß wir einander vertrauen und lieben? Das ist ja nicht selbstverständlich, ganz und gar nicht. Es läßt sich nicht machen, nicht mit Geld und guten Worten. Es läßt sich auch nicht erzwingen, weder mit dem Willen noch mit Gewalt. Es ist Geschenk, Gnade. Der eine ist mit dem anderen beschenkt. Die Liebe hat sich ihnen geschenkt. Sie kommt nicht aus uns, sondern zu uns. Wir können sie nicht machen, wir empfangen sie. Sie kommt aus einer Quelle jenseits unseres Verfügens als Gabe zu uns. Gott ist die Quelle der Liebe, die Menschen miteinander verbindet.

Mehr noch: Wir sind von ihm höchstpersönlich und absolut geliebt, trotz unserer Schwächen und Grenzen und über den Tod hinaus. Das ist nicht zu machen. Das können wir uns nicht einreden. Das können wir uns nur sagen lassen von dem, der über den Dingen steht und über der Welt, der Schuld und Tod übersteigt. Das ist geschehen. Dafür steht der Name Jesus Christus. In ihm hat Gott uns endgültig geliebt und als seine Söhne und Töchter angenommen. Kaum zu glauben! Nicht zu fassen! Ein Geschenk des Himmels.

Hat das etwas mit dem Leben zu tun? Und ob! Wir

wissen doch, was das bedeutet, ob ein Kind von den Eltern angenommen und geliebt ist oder nicht. Das ist lebensentscheidend. Ahnen Sie, was das heißt, ob ich mich von Gott geliebt und angenommen weiß? Das ist lebensentscheidend. Alles kommt darauf an, daß wir uns nicht selbstherrlich wie Herrgötter gebärden, sondern unsere Bedürftigkeit anerkennen und uns lieben.

Wir sind geliebt, von Gott höchstpersönlich. Das ist das erste und wichtigste, es steht vor allen Aufforderungen und Appellen. Als Geliebte können wir Gott und den Nächsten lieben. Weil Gott sich uns zuwendet und uns aus unserer Isolierung befreit, darum können wir andere aus ihrem Alleinsein herausholen: »Laß sie nicht allein.« Dazu lädt uns das Evangelium heute ein.

*Unsere Welt-Mission*

Es bringt unseren Glauben auf den Punkt, auf den Angelpunkt: »Du sollst den Herrn, deinen Gott, lieben mit ganzem Herzen, mit ganzer Seele und mit all deinen Gedanken«. Das ist das wichtigste und erste Gebot. Ebenso wichtig ist das zweite: »Du sollst deinen Nächsten lieben wie dich selbst.« An diesen beiden Geboten hängt alles wie die Tür an der Angel.

Das ist nicht neu, werden Sie sagen. Das ist uns ganz geläufig, das versteht sich. Christentum verbindet sich für uns alle mit Liebe, Nächstenliebe oder – wie wir heute sagen – Mitmenschlichkeit, Solidarität. Ist das alles? Für viele ja. Für viele hört das Christentum mit Solidarität und Mitmenschlichkeit auf. Für Jesus nicht! Für ihn fängt's an mit Gott. Für ihn ist eben nicht alles gesagt und getan mit dem Satz: »Du sollst deinen Nächsten lieben wie dich selbst.« Es heißt vorweg, an erster Stelle: »Du sollst den Herrn, deinen Gott, lieben...«

Gut, werden Sie sagen, das ist doch im Grunde dasselbe. Gottesliebe ist nur ein anderes Wort für Nächstenliebe. Gott begegnen wir im Nächsten, wo denn sonst? Den Nächsten lieben und Gott lieben, das ist eins.

Aber offenbar ist hier nicht nur eins gesagt, sondern zweierlei. Jesus hat nicht nur einen Satz gesagt, sondern zwei:

»Du sollst den Herrn, deinen Gott, lieben...«

»Du sollst deinen Nächsten lieben...«

Beides ist eng miteinander verbunden, aber es ist nicht dasselbe. Wer weiß, wem er sich verdankt, sein Leben, sein Liebenkönnen und sich selbst, der weiß bei aller Nächstenliebe die besondere Bedeutung der Gottesliebe zu schätzen. Es ist ein gefährlicher Irrtum, die Gottesliebe in Nächstenliebe auflösen zu wollen. Wir tun uns damit einen Bärendienst. Der Nächste kann doch nicht Gott sein. Und wir dürfen ihn nicht vergöttlichen, in einer Art Gotteskomplex. Kann man zum anderen sagen: Du bist mein ein und alles!? Das muß zur Enttäuschung führen, das kann der andere nie halten. »Alles« ist er nicht. Es sind ihm deutlich Grenzen gesetzt. Und vielleicht erfahren wir diese Grenzen nirgendwo so tief wie im Defizit unserer Liebe. »Du wärest bald am Ende mit mir, wenn ich nicht eins wäre mit dem, der keine Grenzen hat« (Paul Claudel). Gott als grenzenlose Quelle der Liebe!

Ihn haben wir zu bezeugen, nicht nur zwischenmenschlich in nächster Umgebung, sondern zwischenmenschheitlich in der ganzen Welt. Gott ist der Vater aller Menschen. Wir können der Welt keinen besseren Dienst tun, als den Vater aller Menschen bekannt zu machen und anderen nahe zu bringen. Das ist der tiefste Ausdruck unserer Nächstenliebe. Der Mensch lebt nicht vom Brot allein. Es ist nicht damit getan, daß er satt wird. Er möchte Erfüllung finden. Seine Sehnsucht ist zu groß, als daß sie in ihm selbst oder an der Welt genug hätte. In allem ist etwas zu wenig. Gott allein genügt. Er hat uns zuerst geliebt. Er freit uns. Darum sind wir so frei, ihn zu lieben und den Nächsten. Darum lassen wir die anderen nicht allein. Im Namen Gottes wenden wir uns ihnen zu. Das ist unsere Mission in der Welt, unsere Welt-Mission.

Wir werden erfahren, daß sie – die Schwestern und Brüder in den Missionsgebieten – uns nicht alleinlassen. Sie reißen uns heraus aus unserer kleingläubigen Engherzigkeit, aus unserem kleinkarierten Eigennutz. Sie können uns anstecken mit ihrer jugendlichen Lebensbejahung, mit ihrer herzlichen Gastfreundschaft, mit ihrer unverstellten Gläubigkeit, mit ihrem Glaubensmut. So dienen wir gemeinsam unserer Mission in der Welt.

# »Unser tägliches Brot gib uns heute«
### Ansprache zur Eröffnung der Misereor-Aktion 1988

Wovon lebt der Mensch? Wovon leben wir? Wir leben vom Brot. Der Magen hat sein eigenes Recht, bei aller Bedeutung von Kopf und Herz. Unser Körper, sagt Albert Camus, war entwicklungsgeschichtlich früher da als der Geist, und seine Evidenz ist daher niemals aufzuholen.

Wir brauchen uns unserer leibhaftigen Bedürfnisse nicht zu schämen. Gott denkt auch an unseren Hunger. Es geht ihm nicht nur um den Himmel und um sein Reich in Gerechtigkeit, sondern auch um unser Brot: »Unser tägliches Brot gib uns heute...« Diese leibhaftige Bitte aus dem »Vater unser« ist Leitwort der diesjährigen Misereor-Aktion, die heute am ersten Fastensonntag in

168

Limburg eröffnet wird. »Unser tägliches Brot gibt uns heute . . .«

Jeder Mensch braucht Brot. Nur – allein kann er seinen Hunger nicht stillen. Wir beten nicht: »*Mein* Brot gib *mir*«, sondern »*unser* Brot gib *uns*«. Gott hat sich das nicht so gedacht, wie wir es manchmal bei den Fischen beobachten: Wir stehen am Teich und werfen Brotstückchen ins Wasser. Die Fische kommen, und einer schnappt's dem anderen weg. Wir haben unseren Spaß an diesem traurigen Spiel. Traurig zumal, wenn wir bedenken, daß sich darin unser eigenes Verhalten widerspiegelt.

### Geteiltes Brot

Eigentlich ist es unter unserem Niveau, wenn wir nur an den eigenen Hunger denken und – koste es, was es wolle – zuschnappen. Essen ist nicht nur Nahrungsaufnahme des einzelnen, es ist ein gemeinsames Geschehen und stiftet Gemeinschaft: *unser* tägliches Brot... Wer nur *seinen* Hunger stillen will und Lazarus vor der Tür gar nicht wahrnimmt, der kann eigentlich nicht als Mensch essen, erst recht nicht als Christ. Brot wird dann menschlich, wenn es *unser* Brot wird.

*Unser* Brot – »Frucht der Erde und der menschlichen Arbeit«. Das Korn wird gesät, geerntet, gemahlen. Viele Menschen wirken zusammen, bis dieses Stück Brot in meiner Hand liegt. Ein ganzes Netz von Beziehungen steckt darin: verborgene Tränen, die aus Ungerechtigkeit und Ausbeutung kommen; aber auch die Verheißung eines geschwisterlichen Miteinanders – menschliches Elend und menschliche Größe, in diesem Stück Brot in meiner Hand. Nun hab' ich's in der Hand, was daraus wird. Wenn ich das Brot auf Kosten anderer esse, kann es

dann eine gesegnete Mahlzeit sein? Die kann es nur werden, wenn ich das Brot teile. Geteiltes Brot ist *unser* Brot,
ist Gottes Brot. Der Kirchenvater Basilius sagt: »Dem
Hungernden gehört das Brot, das bei Dir zu Hause ver-
dirbt. Dem Barfüßigen gehören die Schuhe, auf die sich
unter Deinem Bett Schimmel setzt. Dem Nackten gehört
die Kleidung, die in Deinem Kleiderschrank hängt. Dem
Elenden gehört das Geld, das in Deiner Schatulle an
Wert verliert.«

Das ist eine klare Sprache. Die können wir nur verstehen, wenn wir nicht nur etwas vom Überfluß abgeben,
sondern teilen auf Kosten der eigenen Substanz. »Der
Geschmack des Brotes, das du teilst, ist unvergleichlich«,
sagt Antoine de Saint-Exupéry. Hat nicht bei uns vieles
deswegen einen bitteren Nachgeschmack, weil wir zuerst
selbst satt sein wollen, statt zu teilen? Verlieren wir dann
schließlich nicht den Geschmack am eucharistischen
Brot? Es darf doch nicht dahin kommen, daß die Kirche
im Norden immer mehr den Anschein einer Religion des
Wohlstandes erweckt und daß sie im Süden wie eine
Volksreligion der Unglücklichen wirkt, die brotlos sind
und deren Brotlosigkeit sie buchstäblich von unserer eucharistischen Tischgemeinschaft ausschließt. Es kann
doch nicht sein, daß in der Kirche wie in der Gesellschaft
die Notleidenden und die Zuschauer der Not einfach nur
auf ihren Plätzen bleiben und daß sich nichts ändert. Die
»Eine-Welt-Kirche« darf schließlich nicht in sich selbst
die sozialen Gegensätze unserer Welt einfach nur wider-
spiegeln. Sonst leistet sie gedankenlos denen Vorschub,
die Religion und Kirche sowieso nur als Überhöhung
bestehender gesellschaftlicher Verhältnisse verstehen
(vgl. Würzburger Synode »Unsere Hoffnung« IV 3).

170

*Die Versuchung*

Wovon lebt der Mensch? Wovon leben wir? Wir leben
vom Brot. »Unser tägliches Brot gib uns heute...« Leben
wir nur vom Brot? »Der Geschmack des Brotes, das du
teilst, ist unvergleichlich.« Warum? Es ist der Geschmack
der Mitteilung, der Hin-gabe, der Liebe. Da geben wir
nicht etwas, sondern uns selbst. Das geteilte Brot sagt
ohne Worte: Ich will, daß es dich gibt, daß du lebst. Der
Mensch lebt vom Brot der Liebe. Das Evangelium heute
am ersten Fastensonntag erzählt, wie Jesus vom Geist
Gottes in die Wüste geführt und vom Teufel versucht
wird. »Als er vierzig Tage und vierzig Nächte gefastet
hatte, bekam er Hunger. Da trat der Versucher an ihn
heran und sagte: Wenn du Gottes Sohn bist, so befiehl,
daß aus diesen Steinen Brot wird. Er aber antwortete: In
der Schrift heißt es: Der Mensch lebt nicht allein vom
Brot, sondern von jedem Wort, das aus Gottes Mund
kommt« (Mt 4, 1–4).

Vierzig Tage und vierzig Nächte ohne Nahrung! So
auf sich selbst zurückgeworfen, so am Ende der physi-
schen Substanz, so an der Grenze des Lebens spitzt sich
alles zu auf die eine Frage: Wovon lebt der Mensch? Der
Hunger Jesu sitzt tief, kommt aus einem urgründigen
Verlangen. Er ist nicht nur darauf aus, satt zu werden,
sondern Erfüllung zu finden.

Erfüllung – das ist gut gesagt. Aber was heißt das
schon, wenn man Hunger hat? Kann man so reden, wenn
man an die Bannmeilen von Kalkutta denkt und an die
Klage derer, die in Äthiopien verdursten und verhun-
gern? Da bleibt einem doch das Wort »Erfüllung« im
Munde stecken. Entziehen wir uns damit nicht der vita-
len Not?

Jesus hat nicht nur zum Schein gehungert. Er hat die

Not am eigenen Leibe erlitten. Ohne Brot in der Wüste kommt er in größte Versuchung, den leiblichen Hunger und seine Sättigung für das alles beherrschende Ziel im Leben anzusehen; nur noch zu denken: Der Mensch will leben, und um zu leben, muß er essen; nur noch zu meinen, der Mensch sei glücklich, wenn er nach Herzenslust essen kann. Jesus war beinahe so weit, zu denken, das tiefste Mitleid mit der Not des Menschen zeige sich darin, ihn satt zu machen; seine göttliche Sendung bestehe gerade darin.

Das ist *die* Versuchung, im Menschen nur noch eine bedürftige, geschunde, hilflose Kreatur zu sehen, die nichts als Brot will und sich dann zurücksehnt in den animalischen Frieden. Eine teuflische Versuchung! Denn es ist teuflisch, zu meinen, das Brot allein habe es in sich, den Menschen zu sättigen. »Der Mensch lebt nicht allein vom Brot...«, das vom Bäcker kommt, nicht allein vom Brötchen zum Frühstück und vom Kotelett zum Mittag. Der Hunger nach solchem Brot ist nur für wenige Stunden zu sättigen, er erwacht neu mit periodischer Gesetzmäßigkeit. Der Mensch kann seine Bedürftigkeit für Stunden zudecken. Wenn er dann gegessen und geschlafen hat, wird er fragen: »Was nun? Ist das alles? Das soll alles sein?« Das kann doch nicht alles sein! Der Mensch ist zu groß, als daß er in sich selbst und in dem, was die Erde ihm bietet, seine Erfüllung findet. In allem ist etwas zu wenig. Gemessen an der menschlichen Sehnsucht ist das, was die Erde bietet, wie die Steine in der Wüste. Die können uns letztlich nicht sättigen. Es wäre teuflisch, die Steine zu Brot zu erklären, das Vorläufige als das Endgültige auszugeben. Bisweilen spüren wir das ganz deutlich; dann liegt es uns wie ein Stein im Magen, gerade dann, wenn wir zuviel gegessen haben.

*Erfüllung*

»Befiehl, daß aus diesen Steinen Brot wird.« – Jesus lehnt ab: »Der Mensch lebt nicht allein vom Brot, sondern von jedem Wort, das aus Gottes Mund kommt.« Er lebt davon, daß Gott ihn meint, ihn liebt und ihn anspricht. Gott allein genügt. Der Mensch wird nicht ärmer, sondern reicher, nicht hungriger, sondern wirklich erfüllt, wenn er sich von Gott ernähren läßt. Dann gerät er nicht tiefer in die Wüste, sondern schließlich aus ihr heraus. Was ihm im tiefsten mangelt, ist Gott. Deshalb gibt es kein größeres Erbarmen, als den Hunger des Menschen in Gott zu stillen.

»Befiehl, daß aus diesen Steinen Brot wird.« Nein, sagt Jesus. Er geht einen anderen Weg, den Weg des Weizenkorns. Das fällt in die Erde und stirbt. So wird es zum Brot für unser ausgehungertes Dasein. So gibt er sein Leben hin in der Passion. »Mich dürstet«, sagt er am Kreuz. Er hungert nicht nur nach Brot und dürstet nicht nur nach Wasser, sondern nach Gott: »Mein Gott, mein Gott, warum hast du mich verlassen...« Er gibt nicht etwas, er gibt sich selbst für das Leben der Welt. So wird er zum Brot, von dem wir leben. »Das Brot, das ich euch geben werde, ist mein Fleisch für das Leben der Welt« (Joh 6, 51). Geteiltes Brot, Brot der Liebe, Gottes Brot! Davon lebt der Mensch.

# VIII
# Leben und Tod

## »Vater, in deine Hände lege ich meinen Geist«
### Predigt im Karfreitagsgottesdienst 1987

»Und er gab seinen Geist auf« (Joh 19,30). Jeder weiß, was das heißt, wenn jemand seinen Geist aufgibt. Geist ist Leben. Was bedeutet dieses Wort, mit dem der Gesang der Passion endete? Hat Jesus sein Leben aufgegeben am Schluß? Ist das das letzte Wort?

Es ist ein himmelweiter Unterschied, ob jemand nur aufgibt oder ob er sich gibt. Im letzten Fall ist nicht einfach nur Schluß, Kapitulation. Das Leben bekommt auch im Tod eine Richtung. Jesus hat nicht einfach nur aufgegeben, er hat sich gegeben, in andere Hände, in die Hände des Vaters: »Vater, in deine Hände lege ich meinen Geist.« Das ist das letzte Jesus-Wort (von Lukas überliefert) in der Reihe der sieben Kreuzesworte. So hat Jesus sein Leben gegeben: Vater, in deine Hände ...

### Emanzipation

»In deine Hände ...« Unsere neuzeitliche Geschichte ist von einem wichtigen Wort geprägt, das zunächst in die entgegengesetzte Richtung zeigt: Emanzipation! Das kennen wir alle: Emanzipation des Bürgers, Emanzipation der Jugendlichen, Emanzipation der Frau. Zu deutsch heißt das: aus den Händen heraus, sich lösen aus

174

der Handhabe anderer, sich befreien aus der Verfügungs-
gewalt von Menschen. Das ist ein wichtiger Vorgang.
Kein Mensch kann den anderen als sein Eigentum betrachten. Keiner darf über ihn verfügen, ihn vereinnahmen wollen. Keiner hat das Recht, Menschen zu handha-
ben, zu »manipulieren« (dasselbe Wort!). Emanzipation
ja, auch in der Kirche – wenn es um die Handhabe von
Menschen geht, um die Befreiung aus den Händen der
Herrschaften dieser Welt oder aus der Macht der Verhältnisse, um Befreiung von uns selbst.

## *Von Gott?*

Aber wenn der Mensch sich von Gott emanzipieren will,
wenn er sich seiner Hand entzieht – das hat Folgen. Wer
trägt uns dann, wenn die Hand Gottes nicht mehr da ist?
Tragen wir uns selbst? Ob wir uns da nicht gefährlich
überheben? Wer sind wir denn? Woher kommen wir?
   Die Bibel erzählt das auf den ersten Seiten in ganz
einfachen Bildern. Gott formt den Menschen aus »Erde
vom Ackerboden«. Das ist der Stoff, aus dem wir kommen, nicht himmlisch, sondern ganz und gar irdisch, von
der Erde aufgehoben, wie aus dem Nichts. Da kommen
wir her. Keiner von uns hat sich selbst gemacht. Wir sind
allemal Empfangene – aus Gottes Hand. Wir sind und
bleiben uns selbst vorgegeben. – Manchmal sagen wir:
Das Leben ist hart. Du mußt es dir teuer erkaufen. Es
wird dir nichts geschenkt. Stimmt das so? Wer von uns
kann sich das Leben erkaufen? Es wird ihm geschenkt.
Wir kommen aus Gottes Hand. Das ist die Wahrheit.
   Wer das nicht mehr weiß, der meint schließlich, er
müsse sich selber schaffen, *er* müsse es bringen, sich
selbst. Das wird böse enden. Er gerät noch und noch in
Abhängigkeiten von sich und von anderen. Er verwickelt

175

sich in heillose Zwänge, kommt unter die Tyrannei der eigenen Leistung. Frei bleibt er nur, wenn er nicht vergißt, woher er kommt und wer ihn trägt. Es gibt letztlich nur einen Weg, der Manipulation durch Menschenhand zu entgehen: Wir dürfen uns der Hand Gottes anvertrauen. Er trägt uns. Die Herrschaft Gottes allein kann letztlich die Herrschaft von Menschen über Menschen beenden.

## Jesu Weg

Jesus hat uns die Herrschaft Gottes eröffnet. Sie ist Inhalt seines Lebens. Von A bis Z geht es ihm um Gott, vom ersten bis zum letzten Wort. Das erste Wort Jesu im Lukas-Evangelium heißt: »Wußtet ihr nicht, daß ich in dem sein muß, was meinem Vater gehört?« (2,49). Und das letzte Wort: »Vater, in deine Hände lege ich meinen Geist« (23,46). Das ist Jesu Leben. Er kehrt den Weg Adams um. Der Mensch will sein wie Gott. Er denkt schließlich, er könne sich selber tragen. In seinem Emanzipationsdrang will er sich schließlich auch von Gott emanzipieren. Gott wird Mensch, um dem Menschen zu zeigen, worauf es ankommt: Er kann sich getrost Gott überlassen: »Vater, in deine Hände...«

Jesu Weg kann unser Weg werden. Wir können uns in Gottes Hand geben, in seine offene Hand, die uns trägt und hält auch über Abgründen. Darauf ist Verlaß. Können wir uns loslassen?

## Sich loslassen

In der Komplet, dem Abendgebet der Kirche, kehrt dieses Wort mehrmals wieder: »Herr, auf dich vertraue ich, in deine Hände lege ich mein Leben.« Dieses Wort ist mir

176

in den letzten Jahren immer wichtiger geworden. Ich sehe meine Hände, was sie tragen können und was nicht, was sie ausrichten und was sie anrichten. Je mehr ich das wahrnehme, desto mehr hilft es mir, wenn ich am Ende eines Tages sagen kann: »Herr, in deine Hände lege ich mein Leben.« Das ist wie eine Einübung ins Loslassen, ins Schlafen. Und der Schlaf ist eine Einübung ins Sterben.

Ich wünsche mir, daß ich das am Ende meines Lebens sagen kann: »Herr, in deine Hände lege ich mein Leben.« Ich wünsche es Ihnen. Vielleicht fangen Sie heute schon damit an, dieses eine Wort zu sprechen, als Gebet, am Abend oder auch sonst: »Herr, in deine Hände lege ich mein Leben.« Mehr brauchen wir am Ende eigentlich nicht zu wissen, das genügt als Summe des Lebens: »Herr, in deine Hände lege ich mein Leben.«

# Hinabgestiegen in das Reich des Todes
Fastenpredigt innerhalb eines Zyklus zum Credo

»Deinen Tod, o Herr, verkünden wir,
und deine Auferstehung preisen wir...«

Wenn wir vom Kreuz Jesu sprechen, sind wir in der Regel sehr schnell bei der Auferstehung; zu schnell oft – denn der Tod hat sein spezifisches Gewicht, vorab der Tod Jesu. Er geht nach unten, in die Tiefe. Wer sich auf diesen Tiefgang nicht einläßt, für den wird auch Ostern an der Oberfläche bleiben.

*Im toten Punkt*

Das Glaubensbekenntnis möchte uns ausdrücklich in die Tiefe führen. Bevor die Auferstehung zu Wort kommt, steht dieser tiefgründige Satz: »Hinabgestiegen in das Reich des Todes...« – eingefügt wie der Karsamstag zwischen Karfreitag und Ostern, damit wir ja nicht so einfach darüber weggehen, sondern eine Pause machen, den Atem anhalten. Denn es ist Atemwende, Zeitenwende.

Wie wenn die Stunde zwölf geschlagen hat, mitten in der Nacht, und der neue Tag ist noch nicht da, sondern der Nullpunkt, mitten in der Nacht. Im Ablauf der Zeit nehmen wir ihn ja kaum wahr, aber im Leben ereilt er uns, wenn wir tatsächlich am Nullpunkt sind und er sich in die Länge zieht, wenn wir über den toten Punkt nicht hinwegkommen.

Jesus hat die Nacht des Todes, den toten Punkt, nicht romantisch verklärt. Er hat sich weder das Leben noch das Sterben unter der Hand ermäßigt oder billig gemacht. Sein Abstieg ging tief, mitten in das Reich des Todes hinein. Bis in die tiefste Tiefe ist er nach unten hinabgestiegen. Das braucht Zeit, unendlich viel Zeit, den ganzen Karsamstag und mehr, um das ganze Ausmaß des Todesreiches zu durchschreiten und zu durchleiden. Das Weltreich Tod ist ja nicht im Handumdrehen aus den Angeln zu heben. Um es wirklich tödlich zu treffen, bedurfte es aller Entschiedenheit. Jesus ging nicht wie der traurige Sänger Orpheus zu einem Spaziergang in die Unterwelt, um möglichst schnell wieder herauszukommen. Nein, er blieb drin, bis er den Tod selbst gleichsam erschöpft und ein für allemal überwunden hatte. Nur wer derart zur Hölle geht (früher sagten wir: »Hinabgestiegen zu der Hölle«), kann das Tor zur Himmelfahrt öffnen und durchschreiten.

»Hinab*gestiegen* in das Reich des Todes...« Wir bekennen, daß Jesus gleichsam sehenden Auges und mit klarem Bewußtsein in den Tod gegangen ist. Er ist nicht wie ein hilfloses Opfer nach unten abgesackt. Aufrecht und frei hat er angenommen, was zu leben und zu sterben ihm zugemutet wurde. Er, der die Mächte des Todes mitten im Leben aufspürte, der voll einstieg für die Kranken und Armen, er ist auch ganz eingestiegen, als es um die tödliche Konsequenzen dieses Lebens ging. Bis zum bitteren Ende und weit darüber hinaus.

*Gemeinschaft mit den Toten*

»Hinabgestiegen in das Reich des Todes...« Bis dahin ist er heruntergekommen, bis zu den Toten. Er hat ihr Los geteilt. Wie er einer von uns geworden ist, so ist er einer von ihnen geworden. Er hat sich mit den Toten verbündet. Die Heilstat seines Kreuzes gilt bei weitem nicht nur den Lebenden, sie schließt auch alle ein, die vorher oder nachher gestorben sind.

Als Toter ist Jesus zu den Toten hinabgestiegen. Und doch ist er nicht einfach nur solidarisch einer von ihnen. Solidarität ist viel, aber nicht alles. Als Toter unter Toten – wenn das alles wäre, wir bräuchten nicht weiter darüber zu reden. Von Jesus und seinem Abstieg in das Reich des Todes ist mehr zu sagen. In ihm ist Gott zu den Toten gekommen, Gott selbst in Person. »Da er die Seinen liebte, liebte er sie bis zur Vollendung...« Sein Tod ist der äußerste Akt dieser gottmenschlichen Liebe. Sie ist stärker als der Tod. Sie ist das Lebendigste, das es gibt. Sie ist das Leben der Toten. Die Schattenexistenzen im Reich des Todes werden Bürgerinnen und Bürger im Reiche Gottes.

*Hinabgestiegen zu den vielen*

»Hinabgestiegen in das Reich des Todes...« Dieser Glaubenssatz ist mir lange Zeit sehr fern und fremd gewesen. Je älter ich werde, desto mehr ist »das Reich des Todes« nicht mehr irgendeine mythische Vorstellung, sondern ganz konkret bevölkert: mein Vater, meine Mutter, Geschwister, Angehörige, die zu mir gehören wie ich zu ihnen, Freunde... Und ich stelle mir vor, Jesus ist zu ihnen allen hinabgestiegen, zu den vielen vor uns; zu Adam, Noach, Abraham, Mose, Daniel, Jeremia und Jona, zu denen, die gerufen haben: »Aus dem Bauch der Unterwelt höre mein Schreien, höre mein Rufen!« »Aus der Tiefe rufe ich zu dir, Herr, höre meine Stimme!« Er ist hinabgestiegen zu den vielen, die spurlos verschwunden sind, an die niemand denkt, zu den vergessensten Toten. Er ist hinabgestiegen zu allen, »die in Finsternis sitzen und im Schatten des Todes«.

Die Ostkirche hat das in ihren Ikonen dargestellt, wie Jesus hinabsteigt in die Bauchhöhle der (Mutter) Erde und Adam beim Schopf greift und Eva und sie heraufführt ans Licht. Er reißt sie heraus aus ihren Gräbern ins Leben. Im Herzen der Erde explodiert seine österliche Kraft, gegen die nun kein Todeskraut mehr gewachsen ist. Und die ganze Menschheit mitsamt der Schöpfung ist mitgerissen von ihm. Da er gar die Mächte des Todes entwaffnet, kommt er uns, den noch Lebenden, mit entwaffnender Güte entgegen, damit wir in ihm sterben und leben können.

*Mit den Toten feiern*

»Hinabgestiegen in das Reich des Todes...« Wenn wir Christen das Gedächtnis des Todes und der Auferstehung Jesu Christi feiern, gedenken wir der Toten. In den vergangenen Jahren und Jahrzehnten ist die Einsicht gewachsen, daß wir dieses Mahl nicht als einzelne feiern, sondern miteinander und füreinander. Dieser soziale Sinn der Eucharistie endet nicht bei den Lebenden. Die vielbeschworene Solidarität wäre nur halb gewonnen, wenn sie vor den Toten haltmacht. Darin bewährt der Glaube in der Feier der Eucharistie seine ganze soziale Kraft, daß er die Toten beim Namen nennt und im Gedächtnis bewahrt. »Herr, gedenke derer, die uns im Zeichen des Glaubens vorangegangen sind; gedenke aller, um deren Glaube niemand weiß als du.« Das wird die Kirche auch dann noch beten, wenn wir alle längst zu den Toten gehören. Sie betet es in der Gewißheit, daß Jesus hinabgestiegen ist in das Reich des Todes, um die Toten dort abzuholen, und sie mitzunehmen in seinen Aufstieg zu Gott, unserem Vater.

## Eine Sanduhr
### Predigt in einem Requiem

Auf dem Regal in meinem Arbeitszimmer steht eine Sanduhr. In diesen Tagen habe ich sie vor mich auf den Schreibtisch gestellt. Es ist heilsam, sie anzuschauen. Sie kennen sicher ein solches Stundenglas.

### Verrinnende Zeit

Frühere Generationen haben mit der Sanduhr die Zeit gemessen. Wir haben Quarz- und Digitaluhren. Man drückt auf den Knopf und sieht die Ziffern aufleuchten. Bis auf die Sekunde genau geben sie die Zeit an. Eins können sie uns vergessen lassen: Die Zeit vergeht, sie hat ein Ende. Das hatten die Menschen früher unmittelbar vor Augen, wenn sie auf die Sanduhr schauten. Der Sand rinnt aus dem oberen Glas ins untere. Die Zeit verrinnt, wird weniger. Sie läuft ab. Sie ist nicht unendlich, sondern endlich. Die Zeit ist wie ein begrenzter Vorrat an Jahren, der uns geschenkt ist.

## Geschenkte Zeit

Zeit ist Geld, sagen wir. Mehr nicht? Macht das Geld den Wert der Zeit aus? Das mag ein Stück weit so sein. Und doch: Zeit ist mehr Gabe als Geld, sie ist unbezahlbar. Sie ist ein Geschenk. Das durfte der Verstorbene in den letzten Jahren erfahren. Oft dachten wir: Seine Zeit ist abgelaufen; die Stunde hat geschlagen. Und dann: Doch noch Zeit... Geschenkte Zeit, Gabe Gottes.

Sie fällt uns zu wie ein Geschenk des Himmels. Und es ist, wie wenn unser Platz an dem entscheidenden Punkt der Sanduhr ist, dort, wo sich das Glas verjüngt wie zu einem Nadelöhr, wo die einzelnen Sandkörner hindurchgleiten: Jeder Augenblick wie ein Geschenk, das uns anvertraut ist.

Was machen wir damit? Wir können die Zeit versilbern: Zeit ist Geld. Wir können die Zeit vertreiben oder vertun, wir können sie gar totschlagen. Und wir können sie weiterschenken. Wir können anderen Zeit schenken: die Eltern den Kindern und die Kinder den Eltern, einer dem anderen. Die Zeit kann zum kostbarsten Geschenk werden, das wir füreinander haben. Denn mit der Zeit geben wir nicht nur etwas, sondern uns selbst. Vielleicht bedenken wir einen Augenblick, was wir, jeder auf seine Weise, mit dem Verstorbenen verbinden, was in uns von ihm lebendig ist – geschenkte Zeit! Ein Apotheker, der

182

nicht nur Medikamente, Heilmittel hat, sondern Zeit, der weiß, daß die Zeit heilen kann.

### Ergriffene Zeit

»Heute ist der erste Tag vom Rest deines Lebens...« Als ich dieses Wort las, habe ich innegehalten. Es ist mir nachgegangen. Jeder von uns hier wird es anders hören. Die Jüngeren werden denken: Rest des Lebens? Für mich ist das Leben nicht nur ein Rest, ich habe es noch vor mir. Gott Dank! Aber wie immer wir es wenden, die Sanduhr läuft, auch für die Jüngeren unter uns. Niemand von uns weiß, wie lang sein Lebensvorrat bemessen ist. Soviel ist sicher: Heute ist ein erster Tag. Heute ist die Chance eines neuen Anfangs. Der Erste – vom Rest!

»Kein anderer Gedanke als der, dem Tag etwas Gold auszuwaschen, ein einziges Korn bloß« (Erhard Kästner). Wie die Goldwäscher in Kalifornien am Fluß das Gold auswaschen, so können wir aus dem Sand etwas Gold gewinnen, auch wenn es nur ein einziges Korn ist. Dann wird die Zeit nicht nur versilbert (»Zeit ist Geld!«), sondern wir gewinnen das Goldkorn geschenkter Zeit.

### Das Zeitliche segnen

An einem Tag wie heute, wenn Erinnerungen wach werden, fragen wir wohl: »Wo ist die Zeit geblieben?« – Wo bleibt die Zeit?

Die Sanduhr kann uns in dieser Frage zum Zeichen werden. Der Sand, der aus der oberen Schale nach unten rinnt, läuft nicht ins Leere. Er wird aufgefangen, gesammelt. Ich kann in dem unteren Glas der Sanduhr Gottes Hände erkennen. Sie fangen meine Zeit auf, daß sie nicht ins Leere verläuft. Meine Zeit in Gottes Händen...

In der Komplet, dem Abendgebet der Kirche, wird mehrmals dieses Wort gesprochen: »Herr, auf dich vertraue ich, in deine Hände lege ich mein Leben.« Das Wort ist mir mit den Jahren immer wichtiger geworden. Ich sehe meine Hände, was sie tragen können und was nicht, was sie ausrichten, und was sie anrichten. Je mehr ich das spüre, desto mehr hilft es mir, wenn ich am Abend eines Tages sagen kann: »Herr, auf dich vertraue ich, in deine Hände lege ich mein Leben.« Das ist wie eine Einübung ins Loslassen, ins Schlafen. Und der Schlaf ist eine Einübung ist Sterben. Ich wünsche mir, daß ich das am Ende meines Lebens sagen kann: »Herr, auf dich vertraue ich, in deine Hände lege ich mein Leben.« So werden wir das Zeitliche segnen. »Er hat das Zeitliche gesegnet...« In dieser Redewendung steckt der Wunsch oder gar eine Art Verpflichtung, wir möchten unsere Zeit nicht verfluchen, sondern sie segnen. Ob uns das einfach so zufällt, das Zeitliche zu segnen? Wahrscheinlich können wir es nur, wenn wir uns darin einüben: Im Namen des Vaters, und des Sohnes, und des Heiligen Geistes.

Mit dem Kreuzzeichen können wir das Zeitliche segnen. Der Tod muß gehen, wenn Gott kommt. Und Gott hat in seinem Lebensvorrat noch mehr zu bieten als unsere kurze Lebenszeit.

# Unter dem Baum des Kreuzes

Ansprache zur ökumenischen Trauerfeier
nach den Polizistenmorden an der Startbahn West
am 10.11.1987 im Frankfurter Dom

Die Weisheit Asiens erzählt von einem Mann, den ängstigte der Anblick seines eigenen Schattens so sehr, daß er beschloß, ihn hinter sich zu lassen. Er sagte zu sich: »Ich laufe ihm einfach davon.« So stand er auf und lief davon. Aber der Schatten folgte ihm mühelos. Er sagte zu sich: »Ich muß schneller laufen.« Also lief er schneller und schneller, lief so lange, bis er tot zu Boden sank. Wäre der Mann in den Schatten eines Baumes getreten, so wäre er seinen eigenen Schatten losgeworden. Aber darauf kam er nicht.

*Flucht vor dem Schatten*

Flucht vor dem eigenen Schatten – die Gefahr ist in diesen Tagen groß. Wir können die Augen verschließen vor dem Ausmaß der Gewalttätigkeit und den Kopf in den Sand stecken; wir können so tun, als sei nichts gewesen, und bald wieder zur Tagesordnung übergehen. Wir können uns den allzu menschlichen Rachegedanken hingeben und den Phantasien von Gegengewalt. Wir können für Tage und Stunden sentimental werden oder depressiv. – Es ist paradox: An der *Start*bahn sind wir am *Ende*. Und hier jetzt unsere Situation in dieser Stunde: Der Dom ist grell ausgeleuchtet wie kaum sonst, und wir tappen im Dunkeln, sitzen oder stehen »in Finsternis und im Schatten des Todes«, Sie, die Angehörigen, und wir alle. Ratlosigkeit, Ohnmacht, Wut... In der Tat: Der Anblick eines Schattens kann erschrecken. Es ist zum Davonlaufen!

185

Schatten? ›Wo Licht ist, fällt auch Schatten‹ – sagen wir. Nehmen wir das Wort so ernst, daß wir nicht nur das Licht wahrnehmen, sondern auch den Schatten? Wir leben in einer freiheitlichen Gesellschaftsordnung; Generationen haben für sie gekämpft und gearbeitet, für sie gelitten und ihr Leben eingesetzt. Wir haben all denen zu danken, die wie selbstverständlich Verantwortung tragen für unsere Lebensordnung – nicht zuletzt Ihnen in der Polizei. Sie haben einen schwierigen und oft genug undankbaren Dienst. Wir gedenken Ihrer beiden ermordeten Kollegen, sie haben nicht etwas gegeben, sondern ihr Leben.

Wo Menschen zusammenleben, gibt es die Versuchung zur Gewaltanwendung. Daß diese staatlich und gesetzlich gebunden ist, daß einige Waffen tragen (tragen müssen), damit alle anderen ohne Waffe gehen können, ist in seinem Wert nicht zu unterschätzen. Es schafft Freiräume, ermöglicht Freiheit. Aber wo Licht ist, fällt auch Schatten... Unsere Gesellschaftsordung ist Menschenwerk, und die darin leben und Verantwortung tragen, sind Menschen, die nicht selten – wir erlebten es in den letzten Wochen – *allzu* menschlich sind. Auch ein relativ gutes Gesellschaftsgefüge hat seine Schattenseiten, wirft Schatten, stellt Menschen in den Schatten. Können wir uns das eingestehen? Können wir uns unserem Schatten stellen?

Nur wenn wir nicht vor ihm davonlaufen, können wir denen Einhalt gebieten und Halt geben, die auch wie auf der Flucht vor dem Schatten eine paradiesische Gesellschaft schaffen wollen und dabei die Hölle entfesseln, die von einem wahren autonomen Leben reden und schließlich über Leichen gehen. Sich selbst als Heilbringer verstehend und als Anwälte einer neuen Gesellschaft, verteufeln sie andere und machen bestimmte Berufsgruppen zum Inbegriff des Bösen – auf der Flucht vor dem Schatten.

## Im Schatten des Kreuzes

Davonlaufen rettet nicht. Der Schatten ist uns auf den Fersen, er folgt uns mühelos, bis wir uns schließlich totlaufen. Wir müssen uns ihm stellen. Aber wie? Woher den Mut nehmen und die Kraft, ohne daß wir Sündenböcke suchen und Feindbilder aufbauen? – »Wäre der Mann in den Schatten eines Baumes getreten, so wäre er seinen eigenen Schatten losgeworden. Aber darauf kam er nicht.« Kommen wir darauf, hier und jetzt, in diesen schweren Tagen? Gibt es für uns diesen Baum, der uns mit unseren Schatten aufnimmt?

Wir Christen schauen auf Jesus Christus. Er ist nicht geflohen vor den Schatten der Welt. Noch in der Nacht des Verrates fand er die Kraft, das Brot und das Leben zu teilen. Er widerstand der Versuchung zur Gewalttätigkeit. Nichts ist ihm erspart geblieben, nicht der Tod am Kreuz. Der gekreuzigte Gott! Unter dieses Kreuz stellen wir uns. Hier haben wir einen Ort, wo wir stehen können, mit unserem Versagen und zu unserem Versagen. Das ist wie eine Erlösung, wie eine Befreiung. Darum besingen wir das Kreuz als den Baum des Lebens. Unter diesem Baum sind wir geborgen und brauchen nicht – wie von einer Heiden-Angst gejagt – vor unserem Schatten davonzulaufen. Dort können wir – statt mit den Fingern auf andere zu zeigen – mit der ganzen Hand an unsere Brust schlagen (wie wir es im Gottesdienst tun). Gott kommt uns entgegen. Er nimmt uns an – mit Licht und Schatten. Und wir wissen, daß im Schatten des Kreuzes sogar jener Schächer Frieden fand, ein Mörder.

Das Wort, das wir in dieser Stunde weiterzusagen

haben, ist dies: »Gott war es, der in Christus die Welt mit sich versöhnt hat und uns das Wort von der Versöhnung anvertraute. Wir bitten an Christi Statt: Laßt euch mit Gott versöhnen!« (2 Kor 5, 19f). Er hat den Baum des Kreuzes in unsere Erde eingepflanzt. Wer an diesen Gott glaubt, braucht nicht zu verzweifeln. Er braucht nicht zu versinken in den Abgründen von Trauer und Ohnmacht. Er muß den Gedanken der Rache und der Vergeltung nicht das letzte Wort lassen. Er wird von dem Wahn befreit, selbst das Heil bringen und eine neue Welt schaffen zu müssen.

»Mitten in dem Leben sind wir vom Tod umfangen.« Weiß Gott, das ist bitter wahr. Mitten im Leben umfangen von den unheimlichen Toden, die wir Menschen selber bringen. Im Blick auf die Auferweckung des Gekreuzigten, unter dem Baum des Lebens, gilt aber nicht minder dies: »Mitten in dem Tode sind wir vom Leben umfangen«, von Seinem Leben, von Gott selbst. Das ist unsere Hoffnung.

# IX

# Zeitgedanken

## Zeit haben

Rundfunkansprache am Neujahrstag 1987

Ein neuer Tag, ein neues Jahr. Ich wünsche Ihnen Gottes Segen, am Morgen des neuen Jahres. Ich hoffe, Sie haben Zeit, jetzt und überhaupt.

Eigentlich müßten wir heute doch viel mehr Zeit haben als frühere Generationen: Die Lebenszeit ist verlängert, die Arbeitszeit verkürzt. Und doch heißt's auf Schritt und Tritt: »Keine Zeit!« Es gibt kaum ein Wort, das von den verschiedensten Leuten so gleichlautend gebraucht wird wie dieses: Wir haben keine Zeit. Die Zeit hat uns.

*Jetzt ist die beste Stunde*

Könnte es sein, daß wir so leben, wie wir Auto fahren: Die Augen voraus auf die Straße gerichtet, ein flüchtiger Blick in den Rückspiegel, so rasen wir nach vorn. Was um uns herum ist, nehmen wir kaum noch wahr. Wir sind immer schon beim Nächsten und Übernächsten.

Wer kommt schon noch ohne Terminkalender aus? Wochen im voraus stellen wir unsere Zeit mit Terminen zu, verkaufen unsere Zukunft. Wir gewöhnen uns an, Termine wahrzunehmen, und außer den Terminen nehmen wir schließlich nichts mehr wahr: Nicht die traurigen Augen eines Mitarbeiters, das Zögern in seiner Stimme, das uns sagen könnte: Das Wichtigste ist noch gar nicht ausgesprochen. Nirgendwo sind wir richtig da, immer auf dem Sprung zum nächsten Termin: zack-zack, dalli-dalli. – Die Zeit läuft weg, sagen wir. Läuft die Zeit weg? Oder laufen wir der Zeit weg, dem Augenblick, der uns jetzt zu leben geschenkt ist?

»Niemals halten wir uns an die Gegenwart«, sagt Pascal. »Wir nehmen die Zukunft vorweg, als käme sie zu langsam... Torheit, in den Zeiten umherzuirren, die nicht unsere sind, und die einzige zu vergessen, die uns gehört.« Jetzt ist immer die beste Stunde.

## Zeit schenken

Der Umgang mit der Zeit hat etwas mit dem Glauben zu tun. Die Zeit hat etwas mit dem Glauben zu tun, weil Gott etwas mit der Zeit zu tun hat. Gott hat Zeit. Er hat sich Zeit gelassen, er hat sich in die Zeit eingelassen. In Jesus Christus ist er unser Zeit-Genosse geworden. Mit ihm ist die Zeit erfüllt. Sie hat ihre Mitte gefunden. Daran können wir uns halten, auch in unserer Zeit, die seine Zeit ist. Wer darauf vertraut, der kann sich und anderen Zeit lassen (wie Gott uns Zeit läßt). Er ist von dem Druck befreit, selber den Himmel auf Erden schaffen zu müssen. Er weiß, daß Gott in seinem Lebensvorrat noch mehr zu bieten hat als die kurze Spanne Lebenszeit. Darum muß er nicht in Hektik geraten, ja nichts zu verpassen. Darum muß er nicht die Flucht nach vorn antreten. Er kann sich gelassen der Gegenwart zuwenden.

Das beste, was wir mit der Zeit machen können? Wir können sie verschenken. Wir können anderen Zeit schenken: den alten Menschen, den Kindern! Zeit ist Geld? Zeit ist unbezahlbar! Zeit ist mehr Gabe als Geld, wir

können sie zur Gabe machen. Sie kann eins der kostbarsten Geschenke werden. Denn mit der Zeit können wir
nicht nur etwas geben, sondern uns selbst. Ich wünsche
Ihnen, daß Sie Zeit haben im neuen Jahr und anderen
Zeit schenken.

## Die Zeit ist reif

Schrifttext: Mk 13, 28–33, Lk 13, 6–9
Bibelarbeit auf dem Evangelischen Kirchentag 1989 in Berlin

»Lernt etwas aus dem Vergleich mit dem Feigenbaum!
Sobald seine Zweige saftig werden und Blätter treiben,
wißt ihr, daß der Sommer nahe ist« (Mk 13, 28). In der
Tat wissen wir! Was wüßten wir sicherer über die Zukunft, als daß nach dem Frühling der Sommer kommt
und dann der Herbst, der Winter. Der Kreislauf der Jahreszeiten ist untrüglich und verläßlich, er geht beständig
weiter, er steht nicht still, er macht auch keine Sprünge.
Wachsen, Reifen, Vergehen – der Rhythmus hat sich tief
in die Natur, auch in unsere menschliche Natur eingeprägt. Wir haben uns eingeschwungen in diesen Rhythmus, durch den das Spiel der kosmischen Kräfte in unseren Lebensraum hineingespiegelt wird. Wir fühlen uns in
ihm geborgen. Wir wissen, was auf uns zukommt: »Sobald seine Zweige saftig werden und Blätter treiben, wißt
ihr, daß der Sommer nahe ist« (28).

Es ist gut zu wissen, was auf uns zukommt. So können
wir uns darauf einrichten, daß Sommer wird. Wir können
damit rechnen, wenn wir unseren Urlaub buchen, wenn
wir die Geräte zur Ernte zurecht machen.

*Vor der Tür (29)*

»Genauso sollt ihr erkennen, wenn ihr (all) das geschehen seht, daß es vor der Tür steht« (29). Das »es«, das vor der Tür steht, bezieht sich auf den vorhergehenden Abschnitt im Evangelium (13, 24–27). Es ist nicht mehr das rhythmisch geordnete Spiel der kosmischen Kräfte, sondern ihre Erschütterung, der Abbruch des scheinbar ewigen Kreislaufs der Jahreszeiten. »Es wird sich die Sonne verfinstern, und der Mond wird nicht mehr scheinen, die Sterne werden vom Himmel fallen, und die Kräfte des Himmels werden erschüttert werden« (Mk 13, 24f). Das ist das Ende der Geborgenheit im Zeitenlauf. Abbruch der Zeit! Ganz anderes tritt ein.

Einiges bei uns weist auf Erschütterungen unserer Ordnungen hin. Ich brauche nur einige Stichworte zu nennen wie Ozonloch, Treibhauseffekt, Zunahme von Radioaktivität in der Atmosphäre, Rüstungsspirale, Krieg der Sterne. Und über aller Umweltzerstörung sollten wir nicht die Innenweltzerstörung aus den Augen verlieren, die Neurotisierung unseres Alltagslebens durch Hektik, Pillenschlucken, Drogen... Die Zeichen der Zeit sind in der Tat unübersehbar. Sie überfallen uns nicht wie ein Schicksal, sie sind menschengemacht. Sie künden nicht den Sommer an, die Erntezeit, den Urlaub, sie stehen auf Sturm. Die Zeichen der Zeit deuten auf verheerende Herbststürme hin, die, wenn sie uns überleben lassen, nur noch ein »Überwintern« im »atomaren Winter« in Aussicht stellen. Unsere Bäume sehen anders aus als der Feigenbaum im Gleichnis. Ihre Zweige werden nicht saftig, sondern krank und welk, und die Blätter werden fleckig und krank. Sie verheißen keine reiche Ernte, sie sind vom Sterben bedroht.

Es wäre zu kurz gegriffen, wenn wir hier nur das mögliche Ende im Auge hätten. Die Frage lautet nicht nur: *Was* kommt auf uns zu? Sie geht weiter: *Wer* kommt auf uns zu? »Dann wird man den Menschensohn mit großer Macht und Herrlichkeit auf den Wolken kommen sehen« (26). Also: Nicht nur »*es*« (das Ende) »steht vor der Tür«, sondern »*er* steht vor der Tür«. Er läßt sich durch Katastrophen nicht heraufbeschwören oder herbeizaubern, aber er ist am Ende nicht abwesend, er ermöglicht den neuen Anfang. Das ist die christliche Zukunftsperspektive. Der Kreislauf der Welt: Alpha und Omega. Die Erde schießt nicht auf einem unendlichen Zeitstrahl vom Urknall ins Nichts. Sie kommt dort an, wo sie herkommt. Der Menschensohn, Anfang und Ende.

## *Zeitberechnung? (30.32)*

»Amen, ich sage euch: Diese Generation wird nicht vergehen, bis das alles eintrifft« (30). Dieser Satz trifft uns heute wie der Schlußsatz vieler Hochrechnungen und Wahrscheinlichkeitsmodelle. Was wird meine Generation, was wird diese Generation der Jugendlichen, der Kinder noch erleben? Wie nahe ist das Ende? »In letzter Stunde«, »Die Zeit drängt« – solche Buchtitel spiegeln das Lebensgefühl vieler Zeitgenossen und Zeitgenossinnen wieder: eine Minute vor Zwölf. Ist das Hysterie, ein Ergebnis von Panikmache?

»Diese Generation wird nicht vergehen, bis das alles eintrifft« (30). Wieviele Generationen von Jesus bis heute haben diesen Satz gehört und haben ihr Leben doch gelebt und beendet, ohne daß das Ende eintrat. Die Welt hat sich weitergedreht, und neue Geschlechter haben die Erde betreten. Ist dieser Satz deshalb nicht eher eine Bestätigung dafür, daß alle Katastrophenankündigungen am Ende doch nicht Recht behalten? Die seit zweitausend Jahren als dicht bevorstehend angesagte und immer wieder ausgebliebene Apokalypse, wird sie nicht dem Gesetz der Wahrscheinlichkeit nach auch unsere Generation verschonen?

Der optimistische Fortschrittsglaube hat lange Zeit angenommen, das Reden vom Ende der Welt sei abergläubisches Geschwätz unaufgeklärter Menschen. Am Ende haben wir uns das auch in der Kirche und in der Theologie einreden lassen. In der historisch kritischen Bibelwissenschaft zum Beispiel hat man gemeint, die urchristliche Naherwartung habe sich bald als Irrtum herausgestellt. »Die mythische Eschatologie ist im Grunde durch die einfache Tatsache erledigt, daß Christi Parusie nicht, wie das Neue Testament erwartet, alsbald stattgefunden hat, sondern daß die Weltgeschichte weiterlief und – wie jeder Zurechnungsfähige überzeugt ist – weiterlaufen wird.« So Rudolf Bultmann vor fünfzig Jahren. Diese Einschätzung hat sich gewaltig geändert. Mit der Zurechnungsfähigkeit ist es heute umgekehrt. Gerade Forscher und Wissenschaftler sagen uns, daß unsere letzte Stunde angebrochen ist. Das Ende ist jedenfalls ein Thema nüchterner Aufklärung geworden. Unzurechnungsfähig sind diejenigen, die seine Möglichkeit nicht wahrhaben wollen. Der alte Satz: »Alle Menschen sind sterblich«, hat nach Hiroshima eine schreckliche Variante bekommen: »Die Menschheit als ganze ist tötbar.«

Unsere Erde hat nach wissenschaftlichen Berechnungen noch eine Lebensdauer von etwa fünf Milliarden Jahren, bevor sie im Leib der zu einem Roten Riesen verglühenden Sonne verdampft. Aber wieviele Jahre wird es auf dieser Erde noch Geschichte geben, ein Geschehen, das Menschen mitgestalten? Das Ende liegt nicht völlig außerhalb unserer Erfahrung, wir müssen damit rechnen. Und zwar nicht nur persönlich (im Tod), sondern auch global: Welt und Zeit haben ein Ende. Und wenn es so weitergeht, dann geht es schon bald nicht mehr so weiter...

Jesus hat nicht zu chronologischen Spekulationen ermuntert. »Doch jenen Tag und jene Stunde kennt niemand, auch nicht die Engel im Himmel, nicht einmal der Sohn, sondern nur der Vater« (32). Es geht hier wie in allen echten apokalyptischen Reden eben nicht um die Ankündigung einer bestimmten Zeitspanne bis zum nahen Ende. Nicht das nahe Ende, sondern der im Ende nahe Gott ist das Thema. Die Worte Jesu gelten jeder Generation, die von Katastrophen betroffen ist und fürchtet, daß nun *alles* zu Ende geht. Der Mensch, unter dessen Füßen die Erde wankt – ob durch Erdbeben wie in Armenien oder durch Bomben wie im Libanon – der Mensch, der die Rhythmen von Aussaat und Ernte zerstört sieht, er fürchtet, daß *alles* aus ist. Für die Betroffenen ist es nicht irgendein Ende, sondern *das* Ende. Ich muß Betroffener sein oder mich betreffen lassen von den Katastrophen. Dann werde ich bald merken, daß es bei diesen Schriftaussagen nicht um die Frage einer möglicherweise enttäuschten Naherwartung geht, vielmehr um die Zusage: »Genauso sollt ihr erkennen, wenn ihr (all) das geschehen seht, daß es/er vor der Tür steht« (29). Das ist Christen gesagt, die Jerusalem, die Stadt der Verheißung, in Schutt und Asche liegen sehen, die verfolgt und ausgestoßen werden. Das gilt uns, den vor lauter Krisenmeldungen Verschreckten, denen, die die Erschütterungen der Zeit am eigenen Leibe spüren. Es gilt nicht den Zeitbeobachtern und Zeitberechnern, sondern den Zeitgenossen, die drinstecken in den Ereignissen und nicht wissen, ob sie ihnen entrinnen können.

Diese Zeitperspektive unterscheidet sich von den Sinnentwürfen unserer naturwissenschaftlich-technischen

Zivilisation. Dort ist die Zeit eine leere Unendlichkeit, ein neutraler Rohstoff, den man bearbeitet mit den Mitteln des Plans und dadurch überraschungsfrei macht.

Das noch ziemlich neue Wort Plan stammt aus der räumlichen Anschauung: planum (lat.) = eben. Es bedeutete zunächst einen Bauplan. Was in der Ebene des Bauplanes übersichtlich nebeneinander liegt, ist etwas Fertiges, Abgeschlossenes, zu dem, wenn der Plan gut ist, nichts mehr hinzukommt. Im Zeitalter der Planungen (Fünf-Jahres-Pläne, Terminpläne, Pastoralpläne, Personalpläne etc.) haben wir uns angewöhnt, Zeit, trotz ihres weiterlaufenden Charakters, als eine fertige Welt zu verstehen, in der nichts geschehen kann, was nicht schon vorher fertig durchdacht und entworfen ist. Alles ist in Gedanken schon fertig; was fehlt, ist nur die Ausfertigung des zuvor Gedachten (vgl. O. F. Bollnow, Das richtige Verhältnis zur Zeit in philosophischer Sicht, in: Universitas 24 [1969] 243–254). Nicht nur die Wirtschaft lebt davon, daß Zeit enttäuschungsfest und damit prognostizierbar ist. Sind wir nicht alle infiziert von der quasireligiösen Vorstellung der Evolution, die mit allem und jedem rechnet, nur mit dem einen nicht: daß nämlich eine Sekunde »zu der Pforte wird, durch die der Messias in die Geschichte tritt« (Walter Benjamin) und in der es deshalb Zeit wird für die Zeit. »Es ist Zeit, daß es Zeit wird; es ist Zeit« (Paul Celan).

Der Gedanke vom Abbruch der Zeit, vom Einbruch Gottes in unsere Zeit, das hat Johann Baptist Metz eindrücklich in Erinnerung gerufen, trifft die neuzeitlichen Ideologien ins Mark. Er richtet sich gegen die Vorstellung von Zeit »als einem leeren, evolutionär ins Unendliche wachsenden Kontinuum, in das alles gnadenlos eingeschlossen ist«; gegen eine Vorstellung, die jede substantielle Erwartung austreibt und jene Apathie erzeugt, die an »der Seele des modernen Menschen frißt« (J. B. Metz, Glaube in Geschichte und Gesellschaft, Mainz ³1980, 150).

Die eschatologische Erwartung führt weder in eine pseudo-apokalyptische Traumtänzerei, in der die Herausforderung der Nachfolge vergessen wäre, »noch treibt sie in jenen besinnungslosen Radikalismus, für den die Gebete der Sehnsucht und der Erwartung nur durchschaute Formen der Verweigerung oder der Selbsttäuschung sein könnten. Naherwartung erlaubt keine Vertagung der Nachfolge. Nicht das apokalyptische Lebensgefühl macht apathisch, sondern das evolutionistische!« Es ist die mythische Zeitvorstellung der Evolution, die alles gleich-gültig werden läßt und die die Nachfolge lähmt. »Naherwartung dagegen versieht die evolutionistisch beruhigte und verführte Hoffnung mit Erwartungs- und Zeitperspektiven« (J. B. Metz, a.a.O. 156). Wieviel Zeit haben wir überhaupt noch? Wem gehört die Welt? Wem ihre Leiden? Wem ihre Zeit?

Naherwartung läßt sich nicht reduzieren auf Zeitberechnung, auf Chronologie. Ihr wesentlicher Inhalt ist die Nähe des Herrn und die uns daraus geschenkte Glaubens- und Lebenskraft. Seine Zeit kommt nicht wie das Jahr 1989. Wer dafür einen Zeitpunkt berechnen und fixieren will, mißachtet die Souveränität Gottes. »Ihr wißt nicht, wann die Zeit da ist« (33).

*Vertrauen in Gottes Wort (31)*

»Himmel und Erde werden vergehen, aber meine Worte werden nicht vergehen« (31). Wer sich an Gottes Wort hält, ist davor bewahrt, sich am Nächstliegenden festzuklammern. Es scheint, als wäre dieser Klammereffekt ein uraltes Erbe unserer Evolution. Die Angst macht kopflos, blind. Wir schauen nicht mehr hin, wir halten uns nur noch fest. Wenn das Leben aus dem Takt kommt und abzubrechen droht, wenn die Verwirrung groß wird und wenn dann jemand sagt: »Seht, hier ist der Messias!, oder: Seht, dort ist er!, so glaubt es nicht! Denn es wird mancher falsche Messias und mancher falsche Prophet auftreten, und sie werden Zeichen und Wunder tun, um, wenn möglich, die Auserwählten irrezuführen« (Mk 13, 21 f).

Das kennen wir: die Propheten, die den sicheren Untergang vorhersagen und das entsprechend ebenso sichere Heilmittel aus der Tasche ziehen. Da wird die Atomkraft auf einmal zur Rettung vor dem Treibhauseffekt. Da wirbt die Gentechnik mit Erlösung der Menschheit von Hunger und Krankheit. Da sollen die Länder der Dritten Welt noch mehr Kredite aufnehmen, um ihre Schulden abzubezahlen. Meditationstechniken und neuerdings sogar -maschinen sollen unser krankes Denken wieder in Ordnung bringen. Die Angst treibt den Propheten und Messiassen die Menschen zu, die auf dem wankenden Boden nach Halt suchen. Eine Heidenangst! Seltsam: Wenn wir »Angst« steigern wollen, verbinden wir es mit »Heiden«.

Gehören auch wir zu den »Ungehaltenen«, die den falschen Propheten und Messiassen nachlaufen, oder halten wir uns an das Wort, das Bestand hat – auch wenn Himmel und Erde vergehen. Die Worte vom Frieden, von der Gerechtigkeit, von der Liebe Gottes zu seiner Schöpfung, die geben uns heute in der Tat Halt gegenüber allen optimistischen Versprechungen und pessimistischen Prophezeiungen. In Basel haben die Kirchen gezeigt, daß sie nicht aus dem Lamentieren über die Krise der Welt und der Kirche oder aus dem ängstlichen Zählen ihrer Mitglieder leben, sondern aus einer vertieften Zuwendung zum Wort Gottes, das diese Schöpfung ins Dasein gerufen hat, das Gerechtigkeit schenkt und einfordert und den Segen des Friedens über sie ausspricht. An diesem göttlichen Wort können wir uns festhalten, alle menschlichen Worte an ihm messen. Ein rettendes Wort, das durchträgt durch alle Erschütterungen und Brüche. Wo Schrecken und Angst entlaubt, pflanzen wir einen neuen Baum. – Es ist wichtig, daß wir unser spezifisches Gewicht bewahren, damit wir nicht ins Flattern geraten.

*»Bleibt wach« (33)*

»Seht euch also vor und bleibt wach! Denn ihr wißt nicht, wann die Zeit da ist« (33). Wachsamkeit ist das Gebot der Stunde, die Haltung der Christen in dieser Weltzeit. In dem an unsere Perikope anschließenden Abschnitt wird das in einem Gleichnis entfaltet: »Es ist wie mit einem Mann, der sein Haus verließ, um auf Reisen zu gehen: Er übertrug alle Verantwortung seinen Dienern, jedem eine bestimmte Aufgabe; dem Türhüter befahl er, wachsam zu sein. Seid also wachsam! Denn ihr wißt nicht, wann der Hausherr kommt, ob am Abend oder um Mitternacht, ob beim Hahnenschrei oder erst am Morgen« (Mk 13, 34f)

Türhüter, Wächter sollen wir also sein. Der Wächter traut nicht dem Augenschein. Er vertraut nicht allein einem Sinn, er lauscht, er schnuppert, er tastet, er späht. Er nimmt seine sieben Sinne zusammen. Er will nicht überrumpelt werden. Er will wissen, was tatsächlich gespielt wird und nicht das, was ihm vorgemacht wird. Er weiß, daß man ihn täuschen kann, daß sich andere als Hausherren ausgeben werden, daß man ihm gefälschte Papiere vorlegen wird, daß man versucht, ihn in der Dun-

kelheit zu umgehen. Er ist Realist. Er glaubt nicht den
Beteuerungen seiner Mitmenschen, sondern er versucht,
ihre hintersten Absichten zu durchschauen.

Der Türhüter steht auf der Grenze zwischen Vertrau-
tem und Fremdem. Die Geborgenheit des Hauses kann
er nur halb genießen. Seine andere Hälfte ist unbehaust,
dem Fremden zugewandt, aber letztlich dem Hausherrn.
Sein Amt ist es, zu gegebenem Zeitpunkt die anderen
aufzuwecken, zu stören in ihrem Schlaf. Er muß Alarm
schlagen, auch wenn man ihm zunächst keinen Glauben
schenkt.

»Seht euch also vor und bleibt wach, denn ihr wißt
nicht, wann die Zeit da ist … Seid also wachsam! Denn
ihr wißt nicht, wann der Hausherr kommt, … Er soll
euch, wenn er plötzlich kommt, nicht schlafend antref-
fen« (Mk 13, 32, 35, 36). Nehmen wir Christen, nehmen
unsere Kirchen dieses Wächteramt wahr? Haben wir unsere sieben Sinne beisammen? Sind unsere Sinne geschärft, oder überlassen wir uns dem Urteilen anderer?
Sind wir aufmerksam gegenüber den Täuschungsmanö-
vern unserer Zeit? Suchen unsere Augen in der Dunkelheit den wiederkommenden Herrn? Oder ziehen wir uns,
des Suchens und Wartens müde, in unsere Behausung
zurück, ins Sichere, ins Bequeme, ins Warme, dahin, wo
auch die anderen alle sind? Sind wir bereit, andere zu
wecken, aufzurütteln, damit sie mit uns den Herrn empfangen können?

Gott sei Dank, gibt es heute zahlreiche Beispiele positi-
ver Wahrnehmung dieses Wächteramtes. Wir brauchen
uns nur hier umzuschauen. Von außen betrachtet, erscheint der Kirchentag vielleicht als eine Versammlung
von guten Gläubigen. Wenn man sich näher umsieht, so
ist er sicher nicht eine Versammlung von Gutgläubigen
und Vertrauensseligen. Hier wird überprüft, nachgefragt,

nachgebohrt, auch gegenüber denen, die ihre Autorität von oben ableiten. Hier werden Ausweise verlangt durch Taten, nicht durch schöne Worte.

Hier trifft man auf Menschen, die Ausschau halten nach den Zeichen, die die Ankunft des Herrn ankündigen. Es gibt solche Zeichen, auch in unserer Zeit: Bewegungen, in denen sich neues Leben ankündigt, z.B. die Frauenbewegung, die Eine-Welt-Bewegung, die ökologische Bewegung, der Aufbruch in Basel für Frieden und Gerechtigkeit, für die ganze Schöpfung. Und hier sind Menschen, die bereit sind, andere aufzuwecken, wachzurütteln, damit auch diese sich von den Zeichen, die die Ankunft Gottes ankündigen, erfassen lassen. Schaut her: »Die Zeit ist nahe ... Die Zweige werden saftig und die Blätter treiben.«

# Geschenkte Zeit
### Schrifttext: Lk 13, 6–9
Bibelarbeit auf dem Evangelischen Kirchentag 1989 in Berlin

Zeit als Gnade. Ein anderer Feigenbaum, eine andere Jahreszeit. Herbst ist es, der Besitzer schaut nach den Früchten. Wie es heißt: »Ein Mann hatte in seinem Weinberg einen Feigenbaum; und als er kam und nachsah, ob er Früchte trug, fand er keine« (6). Eine enttäuschende Besichtigung. Was tut da jemand, der vom Ertrag seines Bodens leben muß? »Da sagte er zu seinem Weingärtner: Jetzt komme ich schon drei Jahre und sehe nach, ob dieser Feigenbaum Früchte trägt und finde nichts. Hau ihn um! Was soll er weiter dem Boden seine Kraft nehmen?« (7). Abholzen, das ist die sauberste, die wirtschaftlichste Lösung. Stehenlassen macht keinen Sinn mehr. Drei Jahre sind genug. Er hat seine Chance gehabt. Aber nicht doch: »Herr, laß ihn dieses Jahr noch stehen; ich will den Boden um ihn herum aufgraben und düngen« (8). Vielleicht, vielleicht – wer weiß ... »Vielleicht trägt er doch noch Früchte« (9).

Der unfruchtbare Baum hätte die Axt verdient, der Spaten wird ihm zuteil und noch Dünger dazu. Die Axt, die dem Baum schon an die Wurzel gelegt war, schlägt nicht zu, weil einer dazwischen getreten ist und sie noch für ein Jahr aufhält. Noch ein Jahr des weiteren Bemühens, damit er endlich die gesuchte Frucht trage, endlich!

Gott läßt sich nicht beirren in seiner Liebe zu uns. Christus im Bild des geduldigen Gärtners. Er wartet still und geduldig, bis es wächst, bis die Zweige saftig werden, Blätter treiben und Frucht bringen. Er weiß, daß alles seine Zeit hat, und er läßt die Zeit. Er schenkt dem Baum Ruhe und seine Gunst, das ist Gnade. Er ist nicht aufs Abholzen des unfruchtbaren Feigenbaumes aus, sondern vertraut auf die in ihm schlummernden Möglichkeiten und hegt ihn in riskanter Geduld. Welche einmalige Chance für einen Feigenbaum, der einen solchen Gärtner hat! Welche einmalige Chance für ein Volk, das einen solchen Gott hat! Spielraum ist uns gewährt. Gott gibt uns Raum umzukehren. Er schenkt uns Zeit, obwohl die Zeit drängt.

*Geschenkte Zeit*

Sind wir wirklich bereit, dieses Geschenk anzunehmen? Wir leben in einer paradoxen Situation: Einerseits erscheint uns gerade heute angesichts bedrohlicher Ereignisse (kurz vor Zwölf) jede Minute als kostbarer Segen. Andererseits gab's noch nie eine Epoche, die so wie die unsere die Zeit bekämpft hat. Günter Anders hat die Abschaffung der Zeit einmal als *den* Traum unserer Zivi-

lisation bezeichnet. Hinter diesem Traum sieht er das
Ideal des Schlaraffenlandes. Sobald ich einen Wunsch
verspüre, schon ist seine Erfüllung da – unmittelbar. Die
Wunscherfüllung wird im Schlaraffenland nicht durch
Raum und Zeit behindert. Man braucht keine Wege zu
machen. Jedes Bedürfnis wird sofort gestillt.

Es scheint, so G. Anders, daß die in unserer Epoche
ausgebildete Technik genau dieses Ziel, obwohl utopisch,
zu erfüllen trachtet. Sie bemüht sich, die Distanz zwischen Bedürfnis und Bedürfnisstillung immer mehr zu
verkürzen oder auszulöschen. Es gibt keinen Flug zwischen Punkt A und Punkt B, der nicht grundsätzlich als
zu lang erschiene. »Die Bewältigung dieser Strecke erfordert heute noch sechs Stunden? Zu langsam. Und welche
Blamage, wenn wir für die Überbrückung dieser Strecke
im nächsten Jahr mehr als fünf Stunden benötigen, und
sie im nächsten nicht in vier leisten würden. Was immer
Dauer erfordert, dauert zu lange. Was immer Zeit beansprucht, beansprucht zu viel Zeit. Das Faktum, daß
Handlungen Zeit kosten, gilt heute als Vergeudung.
Gleich, wie kurz sie währen – niemals sind sie kurz
genug. Die bloße Tatsache, daß sie währen, macht sie zu
Verzögerungen« (G. Anders, Die Antiquiertheit des
Menschen 2, München ⁴1986, 338). Es mag uns dann
gehen wie dem modernen Geschäftsreisenden, der bei
einem Flug über das Eismeer sich nur ärgern kann: »Was
hier alles zwischen Schottland und Kanada herumliegt!
Und dabei ist es nichts! ... Und diese Zeit, um nichts
besser! Ebenfalls nichts! Aber dauern muß sie! Zwischen
Abflug und Ankunft! Gerade gut genug für Warten und
Dösen! Wozu das gut sein soll! ... Dieser unausgenutzte
Raum da unten. Wo er (Gott) Schottland und Kanada so
schön säuberlich hätte aneinander legen können! Kante
an Kante! ... Nichts als Vergeudung, der Raum! Und

nichts als Zeitverlust, diese Zeit! ... Wenn man sie nur abschaffen könnte!« (G. Anders, a.a.O. 339f).

Was tun wir modernen Zeitbekämpfer mit der geschenkten Zeit? Freuen wir uns wirklich, oder verwünschen wir sie? Werden wir sie vertreiben oder gar totschlagen? Oder werden wir sie so ausfüllen, daß kein Zwischenraum mehr bleibt, nichts mehr, keine Zeit mehr? Können wir, denen Zeit gelassen wird, überhaupt noch selber Zeit lassen? Oder müssen wir den Zeitraum gleich wieder auffüllen, bis keine Zeit mehr ist? Es gibt ein Wort des Propheten Jesaja (28, 16), das Martin Buber so übersetzt: »Wer vertraut, wird nichts beschleunigen wollen.« Er kann sich und anderen Zeit lassen, wie Gott uns Zeit läßt. Was wir als Zeitverlust ansehen (»verlorene Zeit«), kann Zeitgewinn sein. Die Zeit kann heilen. Entdeckung der Langsamkeit, Entschleunigung! Es geht darum, wieder den richtigen Rhythmus finden, biologisch, psychologisch, soziologisch, theologisch. Im Rhythmus Gottes gehen ... »Mit Gott kannst du nichts versäumen« (Meister Eckhart).


*Gericht*

»Vielleicht trägt er doch noch Früchte, wenn nicht, dann laß ihn umhauen« (9). Das letzte Urteil über den Baum ist aufgeschoben, nicht aufgehoben. Bringt er Früchte, dann soll er leben, wenn nicht, ist ihm die Axt sicher. Auch die Geduld des Gärtners hat ihre Grenzen. Das Jahr kann ich nutzen und für immer verspielen. Es steht alles auf dem Spiel. Das Gericht wird nicht unterschlagen. Es ist hier unüberhörbar zweimal deutlich angesprochen. »Wenn nicht, dann laß ihn umhauen.« Bei aller Liebe, das geht durch Mark und Bein.

Am Ende also doch die Axt? Das kennen wir aus der

Erziehung, aus der Politik und aus unseren persönlichen Beziehungen: »Wenn du nicht bis da und dahin ..., dann aber.« Und dann muß auch eingefordert und eingelöst werden, denn sonst ist die Autorität verspielt, dann geht es drunter und drüber, in der Schulklasse, in der Politik, in den Beziehungen. Sanktionen müssen berechenbar sein.

Wenn ... dann ... Konsequenz ist notwendig, damit wir nicht unser Gesicht verlieren. Wahrt Gott sein Gesicht, seine Heiligkeit? Er hat es gewahrt – das Gesicht des Gekreuzigten ist sein Gesicht! Kein harmloses Gesicht! Kein Gesicht, an dem man sich vorbeidrücken könnte. Das Schreckliche ist nicht die aufgeblähte Omnipotenz eines obersten Herrn. »Die Trauer der Liebe ist schwerer zu ertragen als der Zorn eines überhöhten Vaters« (E. Ricoeur).

Die Frömmigkeit, die vom Bild des unerbittlichen Richters mit dem Schwert in der Hand geprägt wurde, ist oft genug, nach den verständlichen Gesetzen des seelischen Gegenschlags, in eine Religion des »lieben Gottes« umgesprungen. Der ist dann nur die göttliche Bestätigung für alles und jedes, niemals Herausforderung, Widerstand oder Zorn gegen das, was ich gerade zu sein beliebe. Der oberste Gutmütige hilft schließlich, die Feigheit vor dem Leben, die Scheu vor harten Bewährungen ewig zu machen. Beliebigkeit und Verkümmerung sind zum Prinzip erhoben. – So nicht! Jesus ist alles andere als harmlos. Wer wollte angesichts des Kreuzes von Harmlosigkeit sprechen?

Deshalb sind auch die apokalyptischen Bilder vom Gericht keine harmlosen Bilder. Sie sprechen von der Scheidung der Gerechten und der Ungerechten. Gericht, das ist Scheidung, Unterscheidung, Entscheidung. Von der letzten Entscheidung Gottes her gewinnen unsere vorletzten Entscheidungen ihr Gewicht und ihren Ernst. »Die Botschaft vom Gericht spricht auch von der Gefahr des ewigen Verderbens. Sie verbietet uns, von vornherein mit einer Versöhnung für alle und für alles zu rechnen, was wir tun oder unterlassen. Gerade so greift diese Botschaft verändernd in unser Leben ein und bringt Ernst und Dramatik in unsere geschichtliche Verantwortung« (Synodenbeschluß »Unsere Hoffnung« in: Gemeinsame Synode der Bistümer in der Bundesrepublik Deutschland, Freiburg 1976, 93).

Gott hat seine letzte Entscheidung besiegelt mit seinem Blut, das vergossen wurde »für euch und für alle«. »Für euch und für alle ...« Das ist die Richtung, in die Gott richtet. Wenn wir uns von ihm dahin richten lassen, dann können wir den Abbruch unseres Zeitenlaufes getrost auf uns zukommen lassen und dem vertrauen, der sagt: »Wenn all das beginnt, dann richtet euch auf, und erhebt eure Häupter; denn eure Erlösung ist nahe« (Lk 21, 28).

# Bücher von Franz Kamphaus im Verlag Herder

Franz Kamphaus
*Der Stein kam ins Rollen*
Worte, die zum Glauben reizen
3. Auflage, 192 Seiten, Paperback
ISBN 3-451-20834-2

»Dieser Band enthält Predigten und Briefe des Limburger Bischofs Franz Kamphaus. Er nimmt in ihnen Stellung zu Problemen unserer Zeit und zeigt auf, wie heute Christsein engagiert gelebt werden kann.«
(Erbe und Auftrag)

Franz Kamphaus
*Was dir zum Frieden dient*
3. Auflage, 128 Seiten, Paperback
ISBN 3-451-19972-6

»Kamphaus zeigt sehr deutlich, daß die christliche Botschaft vom Frieden quer und unbequem zu allem verläuft, was politisch und gesellschaftlich logisch erscheint.« (Rheinischer Merkur/Christ und Welt)

Johannes Bours/Franz Kamphaus
*Leidenschaft für Gott*
Ehelosigkeit, Armut, Gehorsam
7. Auflage, 192 Seiten, Paperback
ISBN 3-451-19435-X

»Nicht nur Priestern, Priesteramtskandidaten und Ordensleuten wird dieses Buch eine Hilfe für ihr geistliches Leben sein, denn es stellt heraus, was für jedes christliche Leben notwendig ist.« (Stadt Gottes)

Franz Kamphaus
*Briefe an junge Menschen*
6. Auflage, 96 Seiten, Paperback
ISBN 3-451-21335-4

»In 15 Briefen spricht Bischof Kamphaus offen aus, was
junge Leser heute bewegt und was ihn selbst bewegt. Gemeinsam mit ihnen macht er sich auf die Suche nach dem
Leben, das so unmittelbar zusammenhängt mit dem lebendigen Gott. Aus dem Dialog mit ihnen sind diese
Briefe entstanden, und Anstöße zum eigenen Nachden-
ken und weiteren Gespräch wollen sie geben. Dabei kommen viele brennende Fragen von heute zur Sprache. Und
was das Ganze so spannend macht: Hier geht es nicht um
einseitige Rezepte, sondern um die gemeinsame Suche
nach dem Leben und nach dem lebendigen Gott.«
(Würzburger Diözesanblatt)

Franz Kamphaus
*Mutter Kirche und ihre Töchter*
Frauen im Gespräch
3. Auflage, 128 Seiten mit 16 Fotos, Paperback
ISBN 3-451-21576-4

»Zunehmend stellen sich Frauen und Männer der Kirche
der unausweichlichen im Raum stehenden Frauenfrage.
Franz Kamphaus greift das vielschichtige, mit Emotio-
nen beladene Thema in diesem Buch auf. Es ist die
Frucht zahlreicher Gespräche und will wiederum neue
Gespräche und auch Taten in Gang bringen. Sein Buch
ist Einladung und Beispiel für eine neue Praxis des Um-
gangs mit Frauen in der Kirche.«      (Kirche und Leben)

Verlag Herder Freiburg · Basel · Wien